CARLOS ALBERTO MARMELADA

CÓMO HABLAR DE DIOS CON UN ATEO

La presencia de Dios en las sociedades postmodernas

SEKOTIA

© Carlos Alberto Marmelada, 2022
© a la edición Editorial Almuzara, S.L., 2022

WWW.ALMUZARALIBROS.COM
EDITOR: HUMBERTO PÉREZ-TOMÉ ROMÁN
COLECCIÓN REFLEJOS DE ACTUALIDAD

Imprime: Gráficas La Paz
ISBN: 978-84-18414-27-5
Depósito legal: CO-1238-2021

Hecho e impreso en España-*Made and printed in Spain*

Índice

INTRODUCCIÓN:
DE PÓLVORA Y FULMINANTES

Este libro nace con el deseo explícito de ser una contribución positiva al importante diálogo entre el teísmo y la cultura occidental actual, que se caracteriza por una evidente ausencia de Dios. Una aportación que reconoce ser, ciertamente, humilde, como no podría ser de otro modo cuando se pretende buscar la verdad de un modo franco y compartido. Pero nuestro aporte, por humilde que sea, no quiere dejar de ser profundo y eficaz. Con estas líneas, esperamos contribuir, aunque sea de una forma modesta, a la realización de dicho diálogo y al acercamiento sincero de posturas entre creyentes y no creyentes. No podemos negar que este libro también pretende ser una ayuda a la superación de complejos por parte de aquellos que, siendo personas de fe, están tentados a pensar que tienen razón los ateos cuando afirman que creer en la existencia de Dios, el alma y en un más allá es algo retrógrado; ideas propias de un pensamiento mitológico y supersticioso precientífico. Ideas propias de una conciencia temerosa, poco formada en el pensamiento crítico, que necesita de mitos consoladores para hacer más llevable las angustias existenciales que toda persona tiene debido a la apertura metafísica que le brinda su condición racional.

Friedrich Wilhelm Nietzsche decía que: «De ordinario, para quebrantar la fe en algo, no hay necesidad de poner en juego la artillería pesada; con muchos se alcanza ya el objetivo atacando con un poco de ruido, de suerte que basta con los fulminantes»[1]. ¿A qué se estaba refiriendo el filósofo alemán? Al hecho de que no son pocas las personas que tienen un escaso conocimiento de los fundamentos de sus creencias religiosas, de modo que no es necesario gastar tiempo y esfuerzos en someterles a arduos argumentos; en el caso de estas personas, para quebrantar su fe, basta con exponerlas a eslóganes emotivos e ingeniosos del tipo:

— Pero ¿cómo puede existir Dios y permitir que sucediera todo lo que pasó en Auschwitz? Si Dios ha permitido que acontecieran todos los Auschwitz que se han dado a lo largo de la historia de la humanidad, entonces no puede ser omnisciente, omnipotente o tan perfectamente bueno como nos dicen; por lo tanto, no puede ser Dios.

— Por otra parte, ¿cómo podemos afirmar que somos libres si Dios ya sabe todo lo que vamos a hacer? Y, en tal caso, ¿qué sentido tiene rezarle, si Él ya sabe lo que va a acabar sucediendo?

— Con todo lo que sabemos hoy en día acerca de la evolución biológica del ser humano, ¿qué sentido tiene seguir hablando de la creación divina de Adán y Eva?

— Si es cierto lo que sostienen las teorías cosmológicas que afirman que el universo es autocreado, ¿qué lugar queda para la afirmación de la existencia de un Dios creador?

---

1   Nietzsche, F. W.: *El viajero y su sombra*; Ed. Edaf; Madrid, 1985; nº 321, p. 275.

Y así podríamos seguir planteándonos un buen número de interrogantes de similar calado, de tal manera que podrían llevar la duda, antesala del paso a la increencia, a una conciencia poco formada. El uso de fulminantes, que decía Nietzsche, y no de munición de la buena es, justamente, el modo de proceder del llamando Nuevo Ateísmo. Así pues, hacer comprender la debilidad de los argumentos esgrimidos hasta la fecha por el ateísmo, para sostener que Dios no existe realmente, es otro de los objetivos de este libro; aunque, en realidad, este tema lo trataremos a fondo en otra obra.

Dicho todo lo anterior, si se nos permite un pequeño toque de buen humor, nos atreveríamos a decir que, si Nietzsche pudiera valorar este libro, sin duda alguna diría que para los creyentes para nada es fulminante, sino pólvora pura. Pero esto se ha de entender bien. En un diálogo sincero y honesto entre una visión teísta de la realidad y de la vida y el pensamiento ateo, ha de primar el respeto por las personas, para centrar el debate en el contraste de ideas y argumentos. Nadie, por el hecho de creer que está en la posesión de una buena parte de la verdad, tiene el derecho de considerarse moralmente superior a los demás (especialmente a los que opinan de forma contraria a la suya). Y esto es especialmente verdadero en el debate entre el teísta y el ateo. Por consiguiente, nada de lo que se diga en este libro tiene la intención de prejuzgar a persona alguna. Lo que se hace es contrastar y debatir ideas. Nadie tiene derecho a juzgar a nadie por sus ideas o por sus creencias. Sí tiene sentido, y es buena, una confrontación dialógica que nos ayude a comprender mejor la realidad y a acercarnos más a la verdad sobre el tema. Y el diálogo es, precisamente, esa búsqueda conjunta de la verdad. Esto es, justamente, lo que significa etimológicamente la palabra *dia-logos*: «hacia la razón».

El creyente, en vez de lamentarse por ver cómo, década tras década, se ha ido patentizando la ausencia de Dios en la cultura occidental, bien podría preguntarse por qué el mensaje cristiano ha perdido atractivo en la actualidad. Como no podría ser de otro modo, la respuesta es compleja. Pero clarificar sus contenidos ayudará al teísta a depurar de sus ideas aquellos elementos que son espurios a la esencia del mensaje cristiano.

Vivimos tiempos relativistas, de modo que es frecuente escuchar decir que las verdades absolutas no existen. A lo que cabría preguntar si esta afirmación es siempre verdadera. Se responda lo que se responda, queda en evidencia que el relativismo absoluto es una postura contradictoria.

También vivimos tiempos en los que se pone en alza el valor de la tolerancia. Un valor que nace depauperado si se le quiere presentar como un sucedáneo sustitutivo de la caridad. Por ello se suele oír decir que la religión, pese a ser un discurso que trata sobre contenidos que son imaginarios y no reales, tiene derecho a existir, pero en el ámbito meramente privado, de modo que se le niega el derecho al proselitismo, considerándose a este como un signo de fundamentalismo. Ahora bien, pedirle al cristianismo, y también al islam, por ejemplo, que sean religiones no apostólicas y proselitistas es no haber entendido la esencia de su mensaje.

I

VOLUNTAD DE VERDAD

En relación con lo que acabamos de ver al final del apartado anterior, durante un debate sostenido por el entonces cardenal Ratzinger y el filósofo y periodista Paolo Flores d'Arcais, el futuro papa Benedicto XVI afirmó que el cristianismo había nacido no con la aspiración de ser una religión más entre muchas otras, sino con la pretensión de ser la verdad, pues se consideraba a sí misma como la religión de la racionalidad[2].

El cristianismo nacía, no como una fe de lo aparentemente absurdo (un Dios que se hace hombre, por ejemplo; no un hombre que afirma ser Dios, esto ya lo habían hecho otros[3]); o

---

2   Para un conocimiento más profundo de la postura de Benedicto XVI en torno a este tema, resultan de especial interés las palabras de Joseph Ratzinger recogidas en el libro de Joseph Ratzinger y Paolo Flores d'Arcais: *¿Existe Dios?* Espasa, Buenos Aires, 2008, pp. 11-19.

3   En efecto, esto era una novedad en toda regla. Hasta entonces se había propuesto que los dioses eran fuerzas de la naturaleza (telurismo), o la propia naturaleza (panteísmo), o seres antropomorfos, como mostraba el politeísmo del panteón grecorromano), o que un hombre podía ser considerado un dios (como era el caso de algunos monarcas mesopotámicos, del propio Alejandro Magno, que tomó de aquellos tal idea, o del emperador Calígula, coincidiendo ya con los albores del cristianismo). Más recientemente estaría el caso del emperador de Japón hasta 1945.

una fe de lo inverosímil (que una mujer hubiera concebido un hijo de forma virginal); o de lo aparentemente irracional (que Dios tenga una única naturaleza, la divina pero que su riqueza ontológica exija que sea esencialmente trino); o una fe de lo que parece ser algo directamente increíble (que Jesucristo no solo resucite a muertos, sino que se rescate a sí mismo de su propia muerte. Tema en nada baladí, ya que esta verdad resulta esencial en el cristianismo; tal como advierte el apóstol San Pablo cuando afirma que: «Vana es nuestra fe si Cristo no ha resucitado»[4]).

No, el cristianismo no nace como una propuesta de creencia en lo absurdo como prueba de fe (que, precisamente por su absurdidad, resulta especialmente salvífica). Al contrario, según Ratzinger, el cristianismo es una religión que se presenta al mundo con pretensión de ser verdad por ser una creencia de índole racional. Esta opinión estaría en sintonía con el parecer de San Agustín, quien relacionaría el origen del cristianismo mucho más con el racionalismo filosófico griego que con las otras religiones coetáneas, ya fueran la grecorromana, las mesopotámicas o las africanas. Esta unión de racionalismo y fe introdujo cambios muy importantes en la noción que tenían hasta entonces los hombres de lo que era Dios.

El cristianismo era tan novedoso en su época, y tan distinto a todas las otras religiones, que sus seguidores, por paradójico que pueda parecernos hoy, eran considerados los ateos de su tiempo. Puede resultarnos extraño, pero esta idea cobra sentido si tenemos en cuenta que los primeros cristianos (y el cristianismo en general a lo largo de toda su historia), consideraban al hecho de adorar a los dioses de las otras religiones, la idolatría, como uno de los pecados más graves que un ser humano podía cometer.

El cristianismo, según Ratzinger, triunfó por varias razones. Una de ellas fue, indudablemente, por su rigor moral. Pero

---

4 I Corintios 15: 14-17.

su gran éxito, hasta convertirlo en una religión universal, fue la fuerza que le confirió el realizar una perfecta síntesis entre razón, fe y vida. Es evidente, sigue observando Ratzinger, que hoy esta síntesis ya no convence. Podríamos puntualizar que hoy ni convence a todos, ni a muchos de los que aún les convence les persuade con la misma fuerza con la que lo hacía antes. A este respecto, no hace falta, por ejemplo, extenderse en el análisis de la corriente cristiana de los años sesenta del siglo XX que abogaba por la muerte de Dios dentro del cristianismo, movimiento conocido como la «teología de la muerte de Dios» (teotanatología, o tanatoteología). O también, la observación de Erns Bloch acerca del ateísmo dentro del cristianismo[5]. Dadas estas circunstancias, la pregunta es evidente: ¿por qué hoy ya no convence esta síntesis? Dicho de otro modo: ¿por qué hoy ya no resulta tan atractivo el cristianismo en Occidente?

La actual crisis del cristianismo y, por tanto, de la Iglesia, no hay que entenderla solamente en clave interna, sino que es muy importante comprender que, en las sociedades avanzadas de Occidente, la pretensión de verdad (de hecho, toda pretensión de verdad y, por tanto, no solo la cristiana) está puesta seriamente en duda. La pretensión de verdad en sí misma, en cuanto tal, está gravemente cuestionada. ¿Este hecho puede llevar al cristianismo a acomplejarse ante el signo de los tiempos y a dimitir de su pretensión de verdad? De hacer algo así, se desdibujaría hasta tal punto que resultaría difícilmente reconocible, lo que le llevaría a un grave riesgo de desintegración. Cabe, pues, preguntarse si la pretensión de verdad del cristianismo se ha visto superada por el ultrarracionalismo (acrítico) moderno (ss. XVII-XIX) y contemporáneo (ss. XX-XXI). Para Joseph Ratzinger, esta es la verdadera cuestión que deben plantearse la Iglesia y la teología en nuestros días. Este es el reto de la Iglesia al comienzo del tercer milenio de la era cristiana: conocer la

---

5   Bloch, Ernst: *Ateísmo en el cristianismo. La religión del Éxodo y el Reino*; Editorial Trotta, Madrid, 2019.

verdadera esencia del cristianismo para volver a hacer agradable la propuesta cristiana; esta vez, al hombre actual.

El cristiano que quiera dialogar con la cultura contemporánea no solo deberá conocer muy bien los fundamentos de su propia fe, sino que también deberá examinar cuidadosamente las instancias que le interrogan y que le cuestionan (instancias tales como la filosofía, las ciencias naturales, las ciencias sociales o la propia historia); y deberá estar dispuesto a hacer frente a sus retos y a sus desafíos. Este examen cuidadoso al que aludíamos unas líneas más arriba no debe hacerse en aras de conocer a los rivales para poder rebatirlos mejor intelectualmente, que también, sino para que el diálogo sea auténtico. Es decir, para que, en vez de una disputa o confrontación intelectual, sea una búsqueda conjunta de la verdad, yendo más allá de una simple maniobra de tanteo en busca del flanco débil del contrincante.

En este sentido, se puede hablar, incluso, de un efecto positivo del ateísmo sobre la fe; ya que, tal como señala Antonio Jiménez Ortiz: «El ateísmo puede hacer más sensible al cristiano frente al Misterio insondable de Dios y ejercer así una relación purificadora de la imagen de Dios dentro de la fe»[6]. Albert Dondeyne también está de acuerdo en que el ateísmo contemporáneo puede prestarle un servicio beneficioso a la fe, ya que «nos obliga a purificar nuestro concepto de Dios y nuestra creencia en Dios»[7].

Ya hemos dicho que este libro pretende ser, justamente, y dentro de sus modestos límites, precisamente esto: un diálogo sincero con la cultura actual; un diálogo con el ambiente intelectual que impregna los presupuestos ideológicos de nuestra cultura. Los cristianos creen que tienen algo que decirle al mundo (por esto mismo el cristianismo no es algo particular, un *senti-*

---

6   Jiménez Ortiz, Antonio: *Ante el desafío de la indiferencia*; Editorial CCS; Madrid, 1994, p. 51.

7   Dondeyne, A.: *Lecciones positivas del ateísmo*; en VV. AA.: *El ateísmo contemporáneo*; Ediciones Cristiandad, Madrid, 1972, Vol. III, p. 250.

miento íntimo personal propio de un *culto privado*). El cristiano cree que la verdad que él propone al mundo es de interés global; es un bien común. Esto hace que el cristiano tome conciencia de la imposibilidad que le supone a él vivir de espaldas al mundo. La fe cristiana es para el *siglo*, y no algo arcano al alcance solo de unos prosélitos; los contenidos de la fe han de estar al alcance de las personas de todas las épocas. Por eso hay que renovar la forma de transmitir el mensaje perenne del cristianismo con un lenguaje actualizado. La consecuencia de esto es que el cristiano no puede vivir de espaldas a su tiempo. El avance del conocimiento científico y la aportación que este hace al mejor conocimiento de la realidad hacen por sí solos que el cristiano deba tener en cuenta qué es lo que nos dice la ciencia acerca de quiénes somos y cuál es nuestro lugar en la naturaleza.

El cristiano tiene que asumir el reto fascinante que suponen para su fe los nuevos interrogantes que le plantea la ciencia. Pero, también, hay que repasar continuamente las propuestas fundamentales que sugiere la Filosofía. En efecto, los diferentes sistemas filosóficos proponen distintas cosmovisiones del mundo y del papel del hombre en la Naturaleza. Pueden ser diferentes, sí, incluso parecer que se contradicen; pero todas ellas coinciden en la importancia de reflexionar sobre cuestiones esenciales para el ser humano. Esto mismo lo afirmaba Xavier Zubiri cuando sostenía que es evidente que los filósofos no se ponen de acuerdo en las respuestas, pero sí coinciden en qué es aquello tan importante sobre lo que es urgente interrogarse y qué es lo incuestionable a la hora de discutir (en el sentido de discernir).

En el siglo XIX el ateísmo se presentó como una realidad necesaria para liberar al hombre de sus temores a los castigos divinos, a los tormentos en la vida tras la muerte, etc. La muerte de Dios era imprescindible para que el hombre comprendiera que es absolutamente libre (Nietzsche, Sartre). La humanidad tenía que entender que Dios no existe porque lo que llamamos

Dios es, en realidad, la proyección de su propia esencia en un Cielo ideal (Feuerbach, Marx, incluso Freud); una especie de *topos ouranos*, un «lugar celeste», como diría Platón, su famoso mundo inteligible o mundo ideal.

Para Ludwig Feuerbach, Karl Marx, Friedrich Engels y tantos otros pensadores de la izquierda hegeliana, la adoración a Dios, el culto religioso, es una acción encaminada a fomentar el desarrollo de una ilusión creada para consolar el espíritu humano ante los temores que despierta el haber sido los primeros seres biológicos en alcanzar una vida consciente. Para todos estos autores, el ateísmo representa el haber llevado a la humanidad a entrar en su etapa adulta. El ateísmo sería el estado en el que el espíritu humano alcanza la madurez liberándose del engaño de ilusiones infantiles que le producen un pseudoconsuelo ante las aflicciones existenciales de una vida que es consciente de su contingencia y de su finitud. Una conclusión a la que llegó el positivismo contiano por otro camino.

Ahora bien, tras más de un siglo y medio de ateísmo teórico y casi un siglo de ateísmo práctico masivo, el panorama arroja un balance bien explícito: el ateísmo no ha traído la liberación del hombre. Juan Antonio Estrada lo ha resumido muy bien al afirmar que: «El declive de las tradiciones humanistas y religiosas del pasado no ha traído consigo el apogeo y la liberación que se presumían. Los innegables avances en el campo de la emancipación del hombre, que han tenido como soporte la revolución científico-técnica, el desarrollo de las democracias y la concienciación de los derechos del hombre, han encontrado como contrapartida el vacío moral, la adaptación a la sociedad consumista y la presión social»[8].

Pero es que, además, los regímenes marxistas y comunistas no solo no han traído la liberación del hombre, sino que en un siglo de existencia han dejado un reguero de decenas de

---

8 Estrada Díaz, Juan Antonio: *Dios en las tradiciones filosóficas 2*; Ed. Trotta, Madrid, p. 18.

millones de personas asesinadas en crímenes de estado, otras decenas de millones sometidas a décadas de trabajos forzados en los gulags y prácticamente toda la población de estos regímenes se ha visto sometida al terror a las intervenciones de las diversas policías políticas. Más que liberación del hombre, lo que ha traído el comunismo, en sus diversas formas, ha sido el crimen de estado, el terror, la pobreza, la continua violación de los derechos humanos y, por consiguiente, el ahogo de toda clase de libertad. Demasiadas contradicciones, y demasiado grandes, como para poder blanquear esta ideología.

II
¿Tiene sentido hablar de Dios hoy?

Casi todas las personas en edad laboral estamos sujetas a la obligación de trabajar para ganar el dinero necesario que nos permita garantizar nuestra subsistencia y la de nuestra familia. Pero nuestras vidas no se limitan a realizar aquellas tareas que nos hacen posible sobrevivir. También queremos ganar un excedente que nos permita disfrutar de las posibilidades que ofrece la sociedad del bienestar. Nos resulta prácticamente imprescindible tener un mes de vacaciones en el cual poder viajar algunas semanas; hacer salidas al extranjero o a destinos locales en alguno de los diversos puentes del año; o, al menos, de tanto en tanto llevar a cabo alguna escapada de fin de semana. Rematar una dura jornada de trabajo con una sesión de gimnasio, culminada con un relajante rato dedicado a uno mismo en el área *wellness* del centro o, por lo menos, relajarse en casa viendo alguna buena película servida a través de la fibra óptica o de la parabólica, o con un capítulo de una serie ofrecida por alguna de las múltiples plataformas que presentan una oferta televisiva casi infinita. La televisión digital, el móvil, la *tablet*…, en definitiva, los medios tecnológicos al alcance de las personas hoy en día en las sociedades occidentales hacen que el disfrute de los tiempos de ocio y la propia vida sean muy distintos de los de hace solo una o dos generaciones, o al que se tiene en otras sociedades coetáneas menos desarrolladas.

La occidental es una sociedad volcada, mayoritariamente, en el trabajo y el ocio. La mayor parte del tiempo que estamos despiertas las personas que vivimos en el mundo occidental, nos lo pasamos o trabajando (estar en el paro buscando trabajo es el trabajo de los que no tienen trabajo), o intentando recargar las pilas para poder afrontar la siguiente jornada laboral o la próxima semana. Y así va pasando la vida. Trabajar para ganar el dinero que necesitamos gastar para garantizar nuestra subsistencia, disfrutar de ratos de ocio que nos relajen para poder seguir trabajando y para poder consumir las necesidades que se derivan del tipo de sociedad que hemos creado (hipotecarnos para pagar una vivienda, pedir créditos para comprar un medio de transporte personal, pagar las facturas de los electrodomésticos, los móviles, los iPad, los PC, las compras a plazos, etc.); algunos, incluso, piden créditos para ir de vacaciones a destinos turísticos famosos por ser presentados como paraísos de ensueño. Sin pretender frivolizar, en la antigua normalidad, para ciertas personas algunos de sus problemas eran el número de megapíxeles de las cámaras de su smartphone; mientras que para una parte del planeta el problema consistía en pasarse el día viendo qué poder echarse a la boca para cenar (y para dar de cenar a los suyos).

El ser humano es complejo y, si se me permite, misterioso. En cierto grupo de personas con un determinado perfil clínico, una simple infección de orina puede provocar alucinaciones inimaginables; estas mismas pueden sobrevenir por un mero cambio en la medicación. Cambios en el organismo, en el sistema hormonal, por ejemplo, pueden desencadenar un brote psicótico dando como resultado percepciones de la realidad totalmente alejadas de lo que verdaderamente está sucediendo. ¿Pero cómo hacerle entender a alguien que se encuentra en esa circunstancia que en verdad no está sucediendo eso que ve acontecer, si quien lo está padeciendo lo está viendo con absoluta evidencia? En fin, la mente humana no deja de sorprendernos; cuanto más sabemos acerca de ella, más nos admiramos de la inmensa complejidad que encierra el ser humano.

Que sepamos, y que tengamos constancia fehaciente, somos los únicos seres vivos, en todo el universo, que nos preguntamos sobre nuestro origen como especie (filogenia), sobre el sentido de nuestra existencia (tanto a nivel personal como específico) y sobre nuestro destino. Nos preguntamos cosas tales como: ¿El universo existe desde siempre, autocontenido y sin necesidad alguna de una causa externa, trascendente a la propia naturaleza? ¿O se ha creado a sí mismo? ¿Existen una pluralidad de universos de tal manera que unos crean a otros en un proceso puramente natural, desde toda la eternidad, de tal modo que podríamos prescindir totalmente de cualquier explicación metafísica? ¿Somos los seres humanos el fruto exclusivo de la evolución biológica? ¿Tras la muerte biológica, pervive algo de nosotros? ¿El alma humana es una entidad espiritual inmortal?

III

EL ATEÍSMO EN LA ANTIGÜEDAD

Hemos dicho que el ateísmo práctico actual es un fenómeno de masas (el ateísmo teórico positivo continúa estando restringido a una reducida élite intelectual, aunque tenga recursos mediáticos muy poderosos), pero históricamente sabemos que el ateísmo teórico siempre fue una postura extremadamente minoritaria; de hecho, «hasta hace muy poco tiempo, el ateísmo era prácticamente desconocido»[9]. Es cierto, «en épocas anteriores había existido también el ateísmo, pero de forma esporádica, de modo que la increencia es un hecho contemporáneo»[10].

En la cultura grecorromana los ateos eran tan pocos que se les conocía por sus nombres de pila. A este respecto, Marcos Martínez Vadillo observa que: «Los ateos declarados de la Antigüedad son contados. Según Cicerón[11], negaron la existencia de Dios el poeta Diágoras de Melos y Teodoro el ateo»[12].

---

9   González Carvajal, Luis: *Evangelizar en un mundo postcristiano*; Sal Terrae, Santander, 1993, p. 15.

10 Sayes, José Antonio: *Ciencia, ateísmo y fe en Dios*; Eunsa, Pamplona, 1994, p. 29.

11 Ver Cicerón, Marco Tulio: *De natura deorum*; I, I, 2.

12 Martínez Vadillo, Marcos: *La idea de Dios en tiempos de increencia. Fe y ateísmo en nuestros días*; Ed. Atenas, Madrid, 1988, p. 44.

Es cierto que hay quienes niegan que los dioses olímpicos puedan existir, puesto que estos tienen los mismos vicios y defectos que los que reprochamos en los humanos (rencor, adulterio, ira, venganza, mentira, vanidad, latrocinio, etc.). Pero el rechazo de los dioses olímpicos no implicaba necesariamente ser ateo. Frente a la decepción que podría experimentarse ante los dioses de la religión griega clásica, por los motivos citados, algunos optaron por reformarla. Este fue el caso de Heráclito, Jenófanes, Demócrito o Platón; pero, de ninguna manera optaron por rechazar toda forma de religiosidad o de culto a algún tipo de divinidad. Pocos fueron los que optaron por el ateísmo. Pero veamos primero las voces que pretendieron depurar el concepto de divinidad dentro de la cultura griega clásica.

Uno de los más antiguos pensadores de los que tenemos constancia histórica fue el filósofo presocrático Heráclito de Éfeso (530-470 a. C.), quien afirma que los dioses de la religión olímpica no pueden existir porque, entre otros defectos, son crueles y vengativos, ya que exigen la purificación de los delitos de sangre con sangre, de modo que se les tributa honores realizando ritos catárticos basados en la ley del Talión, en donde se paga ojo por ojo y diente por diente. Para Heráclito, esta es una forma irracional de impartir justicia y, en rigor, no sería digna de merecer tal nombre entre los humanos, ya que no considera justo que, si un miembro de un clan mata a una persona de otro clan y luego se da a la fuga, de modo que no es posible ajusticiarle, el clan al que pertenece el criminal deba entregar un miembro inocente para que, con su sangre, expíe las culpas de todo su clan y de esta forma se evite un derramamiento mayor derivado de una guerra entre clanes.

Heráclito también consideraba que tuviera sentido alguno orar a las estatuas, ya que estas son puro material y no pueden responder. Naturalmente que un creyente actual le contestaría que cuando alguien le reza hoy a la estatua de un santo no lo hace porque aquella figura de madera, mármol o arcilla le vaya a escuchar y a interceder por él; desde luego, eso sería telurismo (atribuirle poderes de actuación a la materia, como si tuviera voluntad) e idolatría. Hoy, quien le reza a la estatua de un santo o a la imagen de una Virgen en un cuadro, por ejemplo, lo hace concibiéndoles como industrias humanas que llevan a su mente a invocar a los espíritus de esos bienaventurados o de esa Virgen en cuestión (Fátima, Guadalupe, Lurdes, El Pilar, Montserrat, etc.), para que intercedan por él ante el único Dios verdadero.

El efesio también criticaba la inmoralidad de algunas de las prácticas religiosas de los ritos dionisíacos o báquicos, concretamente los orgiásticos. En efecto, Heráclito les reprochaba que si esas bacanales las hicieran las personas por pura iniciativa humana, resultarían merecedoras de todo tipo de reproche moral; y, el hecho de que sus seguidores las hicieran alegando que estaban adorando al dios Baco con ellas, no les eximía de la misma reprobación. En definitiva, Heráclito de Éfeso considera que los dioses del Olimpo y Baco, o Dionisos, no pueden existir realmente. Por consiguiente, ni la olímpica (religión oficial de la Grecia homérica, clásica y helenística) ni la dionisíaca (religión importada de fuera de la Hélade) son religiones que digan verdades sobre los dioses. Pero no niega que exista la divinidad ni rechaza el valor del hecho religioso en sí.

Algo parecido sucede con Jenófanes de Colofón. Este filósofo presocrático consideraba que: «Homero y Hesíodo atribuían a los dioses todas aquellas cosas que constituían motivo de vergüenza y recriminación entre los hombres: robo, adulterio y engaño»[13]. Es decir, al igual que Heráclito, estima que la inmoralidad no puede ser una característica de la divinidad. Pero su crítica va más allá de este reproche. En efecto, para él, el antropomorfismo de los dioses de la religión clásica griega, la olímpica, es una prueba inequívoca de su falsedad, de la imposibilidad de su existencia. «Los mortales se imaginan que los

---

13   Kirk & Raven: *Los filósofos presocráticos*, DK 21, B 11; Ed. Gredos, Madrid.

dioses han nacido, y que tienen vestidos, voz y figura humana como ellos»[14]. Pero resulta que los dioses de «los etíopes[15] tienen la nariz chata y son negros, mientras que los [dioses] tracios tienen ojos azules y cabellos rubios como ellos»[16]. De hecho, y estirando el argumento, Jenófanes sostiene que, *mutatis mutandis*, al igual que cada comunidad humana representa a los dioses antropomórficos a su imagen y semejanza, entonces, en buena lógica: «Si los bueyes y los leones pudiesen pintar, dibujarían a los dioses con forma de buey y de león»[17].

Jenófanes se da cuenta de que cada grupo étnico representa a los dioses con una figura humana similar a la suya; esto es incoherente, ergo el politeísmo antropológico es una opción religiosa sin fundamento real. Este relativismo antropológico hace que nos preguntemos si tiene sentido afirmar que la divinidad tiene realmente forma humana. Parece absurdo sostener algo así, de modo que no pueden existir los dioses antropomorfos. Pero esto no significa que Jenófanes rechace la existencia de Dios.

No niega la existencia de la divinidad, sino que sostiene que los dioses no pueden ser los que describe la religión olímpica. Explícitamente afirma que: «Existe un solo dios, el mayor entre todos los dioses y los hombres, no semejante a los mortales ni en su cuerpo ni en su pensamiento»[18]. El texto es ambiguo y puede dar lugar a equívocos. Por un lado, habla de un solo dios, lo que nos llevaría al monoteísmo; pero, por otro, afirma que es superior a los otros dioses, lo que implica aceptar el politeísmo. También dice que no se parece a los mortales en su cuerpo, lo que supondría que este dios sería corpóreo.

---

14   *Ibidem*, B 14.
15   Se refiere a las poblaciones africanas.
16   Kirk & Raven, op. cit., DK 21, B 16.
17   *Ibidem*; B 18.
18   *Ibidem*; B 23.

Sin entrar ahora en una exégesis que nos alejaría del objeto de esta obra, parece ser que el filósofo de Colofón estaría haciendo una concesión a la mentalidad de su época, de modo que lo que principalmente querría sería destacar que su nueva propuesta teológica supera lo que las teologías clásicas venían diciendo acerca de la esencia de la divinidad.

El propio Platón, como no podría ser de otro modo, se dio cuenta de las insuficiencias que encerraba el planteamiento teológico del politeísmo antropológico de la religión tradicional griega, y la necesidad que sentía el espíritu humano por superar esta forma de religiosidad errónea. En su República ideal era muy importante que los gobernantes estuvieran perfectamente formados porque son quienes tienen el poder en sus manos y en caso de no estar debidamente educados podrían usar ese poder contra los demás ciudadanos. Por este motivo, los gobernantes deberán ser instruidos en gimnasia, música (las ciencias y las artes que inspiran las musas) y astronomía.

Pero no solo esto, la educación tradicional, transmitida principalmente a través de las obras de Homero y Hesíodo, deberá ser revisada completamente, ya que contiene errores teológicos y morales. Estas circunstancias son las que llevan a Platón a proponer una nueva «*paideia*» (una nueva *educación*) para diferenciar su propuesta de la de la «*paideia tradicional*», y que diferiría, también, de la «*nueva paideía*» de los sofistas. Para Platón, resulta esencial evitar, a través de la educación, que estos errores teológicos y morales lleguen hasta los ciudadanos, principalmente a los más jóvenes, puesto que: «El principio es lo más importante en toda obra, sobre todo cuando se trata de criaturas jóvenes y tiernas. Pues se hallan en la época en que se dejan moldear más fácilmente y admiten cualquier impresión que se quiera dejar grabada en ellas»[19].

La manera de impedirlo consistirá en establecer una fuerte censura sobre las teorías desmoralizantes ante la muerte y que

---

19 Platón: *República*; II, 377b.

podrían afectar la moral de los soldados. Por eso hay que averiguar: «¿Qué hacer para que sean valientes? ¿No les diremos acaso cosas tales que les induzcan a no temer en absoluto a la muerte? ¿O piensas tal vez que puede ser valeroso quien sienta en su ánimo ese temor? Quien crea que existe el Hades y que es terrible, ¿podrá no temer a la muerte y preferirla en las batallas a la derrota y servidumbre? Me parece, pues, necesario que vigilemos también a los que se dedican a contar esta clase de fábulas, y que les roguemos que no denigren tan sin consideración todo lo del Hades, sino que lo alaben, pues lo que dicen actualmente ni es verdad ni beneficia a los que han de necesitar valor el día de mañana».[20]

En la *pólis* ideal, las historias relativas a las acciones o lamentos de los hombres prestigiosos también deberán ser censuradas. «Haremos bien —dice Platón—_ en suprimir las lamentaciones de los hombres honrosos y atribuírselas a las mujeres, y no a las de mayor dignidad, o a los hombres más viles, con el fin de que les repugne la imitación de tales gentes a aquellos a que decimos educar para la custodia del país».[21] Pero, sobre todo, serán las historias tan indignas que se cuentan acerca de los dioses las que verán más prohibida su difusión en la República ideal de Platón; no solo estarán fuera de los contenidos educativos, sino que verán censurada su transmisión en las conversaciones cotidianas[22].

A Platón le escandalizaban estos relatos y, por esto mismo, sostenía que en su Estado ideal: «Jamás, ¡Oh Adimanto! deben ser narradas en nuestra ciudad, ni se debe dar a entender a un joven oyente que, si se cometen los peores crímenes o castigan por cualquier procedimiento las malas acciones de su padre, no hará con ello nada extraordinario, sino solamente aquello de que han dado ejemplo los primeros y más grandes

---

20 *Ibidem*; Rep. III; 386a-c.

21 *Ibidem*; Rep. III; 387e-388.

22 *Ibidem*; Rep. II; 377b-378a.

de los dioses»[23]. De este modo, de «todas cuantas teomaquias inventó Homero, no es posible admitirlas en la ciudad, tanto si tienen intención alegórica como si no la tienen[24]. Porque el niño no es capaz de discernir dónde hay alegoría y dónde no, y las impresiones recibidas a esa edad difícilmente se borran o desarraigan. Razón por la cual hay que poner, en mi opinión, el máximo empeño en que las primeras fábulas que escuchen sean las más hábilmente dispuestas para exhortar al oyente a la virtud»[25].

En resumidas cuentas, para Platón, la divinidad solo puede ser causa del bien; nada malo se le puede atribuir; de ahí toda la censura que establece en su *República* y que hemos comentado en los párrafos anteriores[26]. En este contexto, Platón sostiene que: «Si se aspira a que una ciudad se desenvuelva en buen orden, hay que impedir por todos los medios que nadie diga en ella que la divinidad, que es buena, ha sido causante de los males de un mortal, y que nadie, joven o viejo, escuche esta clase de narraciones, tanto si están en verso como en prosa; porque quien relata tales leyendas dice cosas impías, inconvenientes y contradictorias entre sí. Esta será, pues, la primera de las leyes referentes a los dioses y de las normas con arreglo a las cuales deberán relatar los narradores y componer los poetas: la divinidad no es autora de todas las cosas, sino únicamente de las buenas»[27].

Esta idea de que la divinidad solo es causa de lo bueno para el hombre ya la había manifestado anteriormente el filósofo presocrático Demócrito de Abdera cuando afirmó que: «Antes

---

23 *Ibidem*; Rep. II; 378b-c.

24 Para evitar considerar a Homero un poeta impío se solían buscar alegorías en sus poemas.

25 Platón: *República*; II; 378d-e.

26 Precisamente porque la divinidad solo es fuente de bondad, pone sus propia ideas y opiniones a este respecto en boca de Sócrates, en un diálogo con Adimanto (Platón: Rep. II; 379a-c).

27 Platón: Rep. II; 380b-c.

y ahora son los dioses los que dan a los hombres todo lo bueno; pero, cuanto es malo y funesto y nocivo, eso ni antes ni ahora lo donan los dioses a los hombres, sino que estos mismos incurren en ello por ceguera de ánimo y falta de juicio»[28]. Como la divinidad no puede ser causa de ningún mal, y mentir y engañar es algo intrínsecamente malo, la divinidad no puede hacer ninguna de estas cosas[29].

La conclusión que saca Platón de todas estas reflexiones sobre los dioses es que: «No hemos de admitir en ningún modo poesía imitativa (...), todas esas obras parecen causar estragos en la mente de cuantos las oyen»[30]. Consecuencia de todo esto es que los poetas tienen que ser desterrados del Estado ideal ya que narran historias impías y además cantan himnos alabando a los tiranos[31]. De modo que: «En lo relativo a poesía, no han de admitirse en la ciudad más que los himnos a los dioses y los encomios de los héroes»[32].

---

28 Kirk & Raven: op. cit.; D-K 68; B 175.

29 Platón plantea esta cuestión, de un modo literario, en los siguientes términos: «¿Puede un dios desear engañarnos de palabra o de obra, presentándonos una mera apariencia? Nadie quiere ser engañado en la mejor parte de su ser ni con respecto a las cosas más trascendentales; no hay nada que más se tema que el tener allí arraigada la falsedad. La verdadera mentira es odiada no solo por los humanos, sino también por los dioses. La divinidad es, por tanto, absolutamente simple y veraz en palabras y obras, y ni cambia por sí ni engaña a los demás en vigilia ni en sueños con apariciones, palabras o envíos de signos. ¿Convienes en que los dioses no son estos hechiceros que se transforman ni nos extravíen con dichos o actos mendaces? Convengo en ello —dijo él—. Cuando alguien diga tales cosas con respecto a los dioses, nos irritaremos contra él y nos negaremos a darle coro y a permitir que los maestros se sirvan de sus obras para educar a los jóvenes, si queremos que los guardianes sean piadosos y que su naturaleza se aproxime a la divina todo cuanto le está permitido a un ser humano». (Platón: Rep. II; 382a-383c).

30 Ibidem; Rep. X; 595a-b. Como puede apreciarse, en el siglo XVII Descartes recuperará esta cuestión cuando nos hable de la hipótesis del Genio Maligno.

31 Ibidem; Rep. VIII; 568b.

32 «Como también son sabios los poetas trágicos, seguro que nos perdonan, a nosotros y a los que siguen una política allegada de la nuestra, el que no les acojamos en nuestra república por ser cantores de la tiranía». (Platón: Rep. X; 607a).

Todas estas reflexiones sobre las críticas a la religión tradicional griega, por parte de filósofos eminentes como Heráclito, Jenófanes, Demócrito o Platón, nos permiten comprobar que ante las deficiencias que presentaba la religión oficial griega y algunos de los nuevos cultos que iban penetrando en el extremo sur de la Península Balcánica representados por el culto a Dionisos, podemos comprobar que más que de ateísmo, dichas críticas a estas religiones lo que pretendían era depurar el concepto de divinidad, así como sus cultos (buscando unos más apropiados a la excelsitud del ser alabado) y no tanto su rechazo.

No hemos mencionado los casos de Anaxágoras, Sócrates o Aristóteles, pero ellos también fueron filósofos griegos que hicieron una notable contribución a la depuración de la idea de Dios. Algo que a los tres les costaría la acusación de *asebeía* (impiedad), delito que conllevaba la pena de muerte. Anaxágoras y Aristóteles, por ser metecos (extranjeros) en Atenas, prefirieron marcharse de la ciudad antes que presentarse a juicio y ver como recibían una más que probable condena. Sócrates, en cambio, ateniense de pura cepa, no quiso pasar por la ignominia de tener que huir, y prefirió morir injustamente condenado que parecer culpable de un delito que no había cometido.

En otros casos, en cambio, el alejamiento de los dioses cabría entenderlo desde el enfado y la indignación con ellos, por causa de alguna tragedia familiar, más que de un ateísmo abierto. Aludíamos al principio de este capítulo al caso del célebre poeta de Melos, veamos cómo se convirtió al ateísmo. «Diágoras era muy piadoso, pero se convierte en un ateo furibundo al observar que un perjuro no recibe de los dioses un castigo instantáneo y fulminante. A él se le atribuye un argumento, después muy en boga, contra la providencia. Al indicarle un amigo los numerosos exvotos de los salvados del naufragio por la invocación de los dioses, respondió cínicamente: "Desde luego, en ninguna parte están pintados aquellos que han hallado la muerte en un naufragio"»[33]. Lo que viene a plantear Diágoras de Melos es que, si resulta cierto que Dios salva o cura a unos, entonces, también lo es que Dios deja que enfermen y mueran otros. Su presunta infinita bondad con unos humanos quedaría empañada por su pasividad ante los males de otros.

Así pues, los que en la Antigüedad «negaban a Dios se colocaban fuera de la sociedad o, por lo menos, fuera de la masa. Su actitud era poco común en todos los sentidos del vocablo, pudiendo apoyarse, ciertamente, en una tradición materialista; pero, a pesar de todo, estrecha y limitada. Ser ateo representaba la secesión»[34]. Hasta la segunda mitad del siglo XIX, el ateísmo era algo propio de ciertos personajes de las élites intelectuales. Los conocimientos que se necesitaban para comprender el funcionamiento de la *Fisys* y del *Cosmos* eran demasiado complejos como para poder resultar accesibles a las grandes masas. Y eran estos conocimientos del dinamismo de la Naturaleza los que podían justificar racionalmente la increencia en los dioses (amén del consabido argumento del mal). De esta suerte, «el ateísmo requería de lecturas y ocios, una actitud intelectual y cierto desprecio por el pueblo. "El ateísmo es aristocrático", decía Robespierre: y porque odiaba a los aristócratas odiaba también a los ateos. Pero en el curso del siglo XIX el ateísmo se ha convertido de aristocrático e intelectual en democrático y político»[35].

---

33 Martínez Vadillo, Marcos: Op. cit., pp. 44-45.
34 Lacroix, Jean: *El ateísmo moderno*; Ed. Herder; Barcelona; 1968; p. 14.
35 *Ibidem.*

IV

LA GRAN PARADOJA

Europa fue el primer continente en ser cristianizado; por este motivo, resulta especialmente asombroso que, en estos momentos, sea justamente aquí donde se puede detectar una mayor presencia del agnosticismo, del ateísmo práctico y del indiferentismo religioso, y sorprende aún más el ver cómo se produce un retorno del ateísmo teórico o militante. Esta paradoja lleva a plantearse el interrogante de por qué el Viejo Continente es el lugar del mundo en el que la ausencia de Dios resulta más evidente.

Este fenómeno requiere una explicación. Para entender por qué el ateísmo está tan extendido en la Europa de nuestros días se deben analizar las características esenciales del ateísmo que se da en la actual cultura occidental europea. No podemos olvidar tampoco que, para entender el ateísmo de hoy, es necesario conocer sus orígenes históricos. Esto nos ha de llevar a estudiar cuáles han sido los argumentos intelectuales que han esgrimido contra la existencia de Dios los ateos clásicos. Evidentemente, su estudio no es meramente fenomenológico, sino que incluye un diálogo crítico con los mismos. Esto conduce al establecimiento de unas bases fundamentales para la realización de un diálogo sincero y honesto entre la fe cristiana y el ateísmo contemporáneo. Juan Pablo II exhortaba a los cristianos a emprender una nueva evangelización de Europa que condujese a su recristianización. Los intelectuales cristianos eran la punta de lanza de esta gigantomaquia. Un análisis profundo y objetivo del ateísmo actual es *conditio sine qua non* para la realización de esta tarea, si es que se pretende conseguir un diálogo fecundo con el ateo.

Para poder realizar un diálogo sincero y objetivo con la increencia actual, quizá sea importante empezar por justificar por qué el problema de Dios es el más importante que puede plantearse el ser humano. En efecto, si no se le reconoce relevancia alguna a interrogarse por la cuestión de Dios o, dicho de otra forma, si al «problema de Dios» se le considera un asunto sobre el que es inútil reflexionar, un tema estéril o fútil, entonces será imposible iniciar ese diálogo entre la increencia actual y la fe cristiana.

El reconocimiento de esa irrelevancia del problema de Dios para el hombre actual lleva directamente hacia la indiferencia religiosa. Esto ha desembocado en el hecho, fácilmente constatable, de que la forma de ateísmo imperante hoy en día en nuestra sociedad es el indiferentismo; la indiferencia ante la existencia o inexistencia real de Dios.

En efecto, hoy en día los ateos ya no se esfuerzan en dar argumentos racionales de la no existencia objetiva de Dios, pues creen que esa tarea ya la concluyeron los grandes pensadores ateos de la segunda mitad del siglo XIX y la primera del siglo XX. De este modo, hoy se da por supuesto que Dios no existe, imperando en Europa un estilo de vida basado en la indiferencia hacia Dios.

¿Cómo se ha llegado a esta situación? Responder a esta pregunta implica analizar las raíces históricas del ateísmo contemporáneo y, con ello, proceder al estudio de los argumentos racionales contra la existencia de Dios propuestos por los grandes pensadores ateos. Esta tarea nos mostrará cómo dichos argumentos adolecen de ciertos errores básicos que anulan la validez objetiva de su fuerza probatoria. Es pues, aquí, donde veremos cómo caracterizan a Dios algunos de los precursores indirectos del ateísmo como: Descartes, Spinoza o Hegel; y también cómo representan al Dios cristiano algunos de los ateos teóricos clásicos más importantes, como es el caso de: Bakunin, Feuerbach, Marx, Nietzsche, Freud, Sartre, Camus o Simone de Beauvoir; así como alguno de los agnósticos de mayor renombre, como Kant (aunque en su caso era un agnosticismo fideísta, basado en el teísmo moral) o Martin Heidegger.

La realización de la citada tarea, nos permitirá ver cómo los ateos de los siglos XIX y XX confunden al dios de Hegel con el del cristianismo tradicional. No se equivocan esos autores al considerar que el dios que propone el insigne filósofo alemán, un dios que para ser el *ser absoluto* ha de ser la *nada absoluta*, resulte inaceptable, por ser inexistente. Un dios que está vacío de todo contenido, por lo tanto, es el ser más pobre de todos, y que necesita del devenir del tiempo y de la Historia para desplegarse hasta reconocerse en y a través del pensamiento humano, no puede ser el verdadero Dios. Concordamos con los ateos clásicos cuando sostienen que un dios así no puede ser realmente existente. Pero discrepamos cuando consideran que solo tal caracterización de Dios es la que le representa verdaderamente. No se equivocan, pues, en la crítica y en el rechazo de tal dios, sino en el hecho de negar su existencia real objetiva (a-teísmo) pensando que Dios solo puede representarse con las caracterizaciones que le atribuyó Hegel.

Resulta de vital importancia aclarar este error, porque los grandes ateos de los dos últimos siglos rechazan la existencia de Dios alegando que es imposible que pueda existir un dios que sea la nada. Ese dios que es la nada no es el Dios del cristianismo, sino el dios del idealismo absoluto hegeliano, cuya representación llegará hasta Sartre o Heidegger.

Dios tampoco es causa de sí mismo. En esto también estamos de acuerdo con quienes impugnan la existencia de un dios así; pero tal como veremos, ese dios que es causa de sí mismo tampoco es el Dios del que nos habla la Biblia, sino que es una mezcla del dios de Spinoza, Kant, Hegel, Nietzsche, Sartre y Heidegger.

Desarbolados los argumentos esgrimidos por el ateísmo clásico por falta de consistencia (Dios no puede existir porque es imposible que sea la nada absoluta; Dios no puede existir porque no puede ser causa de sí mismo; Dios no puede existir porque limitaría nuestra libertad, cuando esta es infinita; Dios no puede existir porque solo es una proyección ficticia que hace nuestra mente al convertir en superlativas nuestras cualidades más positivas; Dios no puede existir porque únicamente es una ficción inventada por nuestro psiquismo para apaciguar nuestros temores ante nuestra debilidad frente a las fuerzas de la naturaleza) no le queda en pie al ateísmo más que el argumento moral que esgrime al considerar imposible la compatibilidad entre la existencia de un Dios infinitamente bueno, omnisciente y omnipotente y la existencia del mal moral que vemos en el mundo presente y en la Historia. Pero las conclusiones de un análisis pormenorizado de esta cuestión son bien claras: no existe tal incompatibilidad y, es más, la realidad del mal en el mundo es, precisamente, una prueba de la existencia de Dios; tesis aparentemente paradójica pero cuyo fundamento se explicará en su debido momento.

Tras haber analizado las características del ateísmo contemporáneo, haber visto la importancia del problema de Dios, haber estudiado y criticado los argumentos de los más ilustres ateos clásicos y haber lidiado con esa gran objeción que supone la existencia del mal moral y del sufrimiento del justo y cómo la libertad humana es perfectamente compatible con la existencia de un Dios omnisciente y omnipotente, finalizaremos extrayendo las conclusiones de esta radiografía de la increencia contemporánea para proponer unas pautas que puedan contribuir a un diálogo sincero entre la fe cristiana y la cultura actual.

Así pues, este libro puede ser de sumo interés para todos aquellos que quieran comprender cuál es la esencia del ateísmo actual, su filogénesis[36], y la debilidad de sus argumentos. También puede ser un instrumento de gran utilidad para quienes estén interesados en el diálogo entre la fe cristiana y la cultura actual, así como para quienes se dedican a la labor catequética y a la nueva evangelización.

Para finalizar esta introducción, un último prenotando. Es muy probable que el lector se esté preguntando: «¡Bien! ¡De acuerdo! Es muy importante ver cuáles son los orígenes históricos del ateísmo actual, describir sus características esenciales, analizar sus argumentos y entablar un diálogo crítico con ellos; pero... ¿y del *nuevo ateísmo*? ¿qué hay de las nuevas corrientes ateas que pretenden fundamentar la negación de la existencia de Dios en los datos de la ciencia positiva actual (especialmente la teoría de la evolución y las teorías cosmogónicas más recientes)?».

¡Cierto, muy buena observación! Naturalmente trataremos estas cuestiones, pero de un modo propedéutico, ya que el grueso del desarrollo de este tema quedará reservado para un análisis más profundo que se realizará en otra obra.

---

36 La casuística de la ontogénesis particular es muy variada y, de hecho, es una cuestión que queda entre la conciencia de cada uno y Dios.

V

EL ATEÍSMO PRÁCTICO COMO FENÓMENO DE MASAS

La impresionante eclosión experimentada por el ateísmo práctico en la sociedad europea a lo largo de la segunda mitad del siglo XX y el primer cuarto del XXI ha tenido como resultado que el fenómeno de la negación de Dios sea una de las características definitorias de la cultura occidental en nuestra época[37]; de tal manera que resulta un hecho evidente el que millones de personas en la práctica vivan hoy de los valores ateos[38].

A lo largo de la segunda mitad del siglo XIX, los dos primeros tercios del siglo XX y las dos primeras décadas del siglo XXI, el número de pensadores ateos relevantes, aunque no pasa de unas pocas decenas, creció de un modo sorprendente si lo comparamos con otras épocas. Esta situación es absolutamente novedosa, ya que históricamente el ateísmo teórico siempre fue una postura minoritaria. No fue hasta el siglo XIX que el ateísmo alcanzó su formulación teórica, para adquirir en el pasado siglo una dimensión práctica jamás vista hasta

---

37 Cf.; Schmaus, Michael: *Teología Dogmática*; Vol. I; en: *La trinidad de Dios*; Ed. Rialp, Madrid, 1961; pp. 258-259.

38 Ver Lacroix, Jean: *op. cit*; p. 56.

ahora. Así pues, se puede afirmar sin temor a equivocarse que: «A lo largo de la Historia, el ateísmo había aparecido esporádicamente en algunos autores, y en distintos grados, pero con una completa fundamentación teórica no se da hasta el siglo XIX y llega a su auge en el siglo XX, tanto es así que se ha considerado, incluso, que el ateísmo es la característica propia de nuestro tiempo»[39]. Por esto mismo, «el ateísmo radical y absoluto —con lo que se indica una vida de la cual ha sido, consciente y consecuentemente, excluido Dios— es algo más que una mera posibilidad. Constituye un hecho incuestionable, en nuestra época quizá más que en ninguna otra»[40].

Son muchos los autores que coinciden en considerar al ateísmo como uno de los grandes signos distintivos de nuestros tiempos, y es que no ser ateo hoy significa nadar contra corriente. Se han invertido claramente los papeles; antaño era el ateo el que estaba totalmente descontextualizado de su época, hoy, en cambio, parece estarlo el teísta. Por esto mismo se ha afirmado que: «El ateísmo afecta hoy, *primo et per se*, a nuestro tiempo y a nuestro mundo. Los que no somos ateos, somos lo que somos a despecho de nuestro tiempo, como los ateos de otras épocas lo fueron a despecho del suyo. Como época, nuestra época es época de desligación y de desfundamentación»[41]. Y es que: «El ateo, que en otros tiempos aparecía como excepción vergonzosa en la sociedad, se convirtió hoy en regla general»[42].

Por consiguiente, podemos concluir que: es un hecho incuestionable que el ateísmo práctico, en la actualidad, está ampliamente extendido; de tal manera que, la *universalidad* es una de las características del ateísmo contemporáneo, de ahí que pueda

39 Forment Giral, Eudaldo: *El problema de Dios en la metafísica*; Ed. PPU; Barcelona; 1986, p. 249.

40 Patrick Reid, John: *Anatomía del ateísmo*; Ed. Columba; Buenos Aires; 1969; p. 16.

41 Zubiri, Xavier: *Naturaleza, Historia, Dios*; Ed. Nacional; Madrid, 1981, pp. 394-395.

42 Secretariado para los no creyentes: *Fe y ateísmo en el mundo*; Ed. BAC; Madrid; 1990; p. 27.

afirmarse que: «Mientras en el pasado el ateísmo se limitaba a posiciones de secta entre filósofos, librepensadores o miembros de sociedades secretas, hoy día envuelve a las masas»[43].

---

43   González, Ángel Luis: *Teología Natural*; Ed. Eunsa, Pamplona, 1985, p. 64. Cf. también Royo Marín, Antonio: *Teología de la salvación*; Ed. BAC., Madrid, 1965, p. 14.

VI

HACIA UNA SOCIEDAD POSATEA

Ya hemos dicho que en la segunda mitad del siglo XX y en lo que llevamos de este, un reducido número de pensadores intentaron dar demostraciones racionales en contra de la existencia objetiva de Dios. A esta modalidad de negación de la existencia de Dios se le denomina «ateísmo teórico positivo». Esas supuestas pruebas eran argumentos de carácter exclusivamente filosófico; por consiguiente, la cuestión de la existencia objetiva de Dios era una disputa dirimida entre filósofos mediante razonamientos metafísicos nada familiares al común de las personas.

Además del ya citado esfuerzo, el ateísmo teórico también intenta probar que ni se ha dado, ni podrá darse nunca, una verdadera demostración de tal existencia[44]. Bajo la influencia del prestigio personal de los grandes ateos teóricos positivos, grandes masas se convirtieron a la increencia, convencidos de que estos pensadores habían logrado encontrar argumentos racionales que demostraban verdaderamente la inexistencia real de Dios. Se trataba de un prejuicio muy extendido y de una convic-

---

44   Ver Fabro, Cornelio: *Drama del hombre y misterio de Dios*; Ed. Rialp, Madrid, 1977; p. 48.

ción que aún conserva gran parte de su fuerza; es por esto que el filósofo personalista francés Emmanuel Mounier ha sostenido que: «El ateísmo moderno, después de su etapa triunfal, conoce hoy su etapa luterana»[45]. Con esta afirmación lo que quiere dar a entender es que el ateísmo positivo de mediados del siglo XX había dimitido de su beligerancia teórica para convertirse en una fe irracional; en un credo basado en la voluntad y no en argumentaciones racionales. Dios no existe porque no quiero que exista, no porque se haya logrado demostrar racionalmente de un modo objetivo su no existencia real. Por eso dice Roger Verneaux que: «El ateísmo actual no es tanto la negación de Dios, como la repulsa a querer creer en él»[46].

De esto mismo se percató el *Secretariado para los no creyentes* cuando en los años noventa del pasado siglo declaró que en aquel momento el problema no era tanto el ateísmo teórico positivo como el obviar totalmente a Dios en la vida cotidiana, así como la falta de ideales trascendentes, el escepticismo (moral y gnoseológico), la increencia práctica y la indiferencia religiosa[47].

A principios de este siglo se produjo un breve repunte del ateísmo positivo a través de corrientes como las del Nuevo ateísmo, la neuroteología o el cientificismo de Stephen Hawking. Pero, pasado el impacto mediático que produce toda moda, se puede seguir afirmando que el ateísmo teórico positivo ya no representa en la actualidad la forma de ateísmo más pujante y extendida, de ahí que continúen teniendo plena vigencia las palabras del *Secretariado para los no creyentes* cuando sostuvo que: «En la sociedad actual, el ateísmo teórico no ocupa ya los primeros puestos. Los maestros teóricos del ateísmo tienen solo

---

45 Mounier, Emmanuel: *La esperanza de los desesperados*; Editorial Tiempo Nuevo; Caracas, 1971, p. 72.

46 Verneaux, Roger: *Lecciones sobre el ateísmo contemporáneo*, Ed. Gredos, Madrid, 1971, p. 11.

47 Secretariado para los no creyentes: *Fe y ateísmo*; op. cit., p. 269.

una influencia limitada. El fenómeno capital es hoy el materialismo práctico»[48].

Aunque publicadas hace casi treinta años, estas palabras no han perdido ni su vigencia ni su valor. En efecto, el ateísmo actual ya no es el fruto de un razonamiento teórico ni el producto de una inquietud intelectual o moral; se trata, más bien, de una decisión práctica, en muchos casos fruto de la simple inspiración ambiental realizada sin ningún tipo de trauma y vivida con toda naturalidad. Por ello, ser ateo hoy ya no significa rechazar a Dios mediante argumentos, sino vivir sin Dios con absoluta normalidad. Por esto mismo, hay quien ha dicho que: «El ateísmo actual no es una desazón intelectual o vital provocada por unos razonamientos lógicos que autoricen una conclusión negativa sobre la existencia de Dios, sino que se puede nacer y vivir bajo la presión atea de algunas de las situaciones sociales y políticas (...). El ateísmo actual, al menos en su situación límite, no es la negación de un ser designado con el vocablo *Dios*, sino que el ser designado con ese nombre queda fuera del ámbito de cualquier consideración intelectual, moral, política o social»[49].

Si, tal como hemos visto, en nuestros días la prioridad ya no es buscar y proponer argumentos racionales que demuestren que Dios no existe realmente de un modo objetivo, es decir, extramental, sino que hoy el ateísmo se caracteriza por ser algo práctico, vivido de una forma moral e intelectualmente indolora, nos podremos preguntar, con toda legitimidad, qué es lo que realmente significa esto.

Dadas estas circunstancias, podría decirse que nuestra sociedad vive, en cierto sentido, en lo que podría llamarse: *fase posatea*. Parafraseando a Jean Lacroix, podemos decir que la muerte de Dios, entendida como la evidencia racional de su

---

48 Ibidem; p. 62.

49 Muñoz Alonso, Adolfo: *Dios, ateísmo y fe*; Ediciones Sígueme, Salamanca, 1972, p. 121.

inexistencia real, no figura ya en vanguardia del pensamiento ateo; este esfuerzo intelectual por demostrar racionalmente que Dios no existe (lo que hemos denominado la tarea propia del ateísmo teórico positivo), es algo que está ya ampliamente superado. Así, nos encontramos que a muchos les puede parecer tan ridículo el querer probar la inexistencia de Dios como su existencia; de tal manera que sería tan absurdo como el intentar demostrar la inexistencia de los unicornios, los gnomos o las arpías. De este modo, la parte más viva y más profunda del ateísmo contemporáneo tiende a situarse en cierto modo más allá del problema de Dios[50].

Así pues, pese al *revival* experimentado durante la primera década de este siglo y los primeros años de la segunda, el ateísmo teórico positivo, en cierto modo, ha dimitido. Ahora bien, este decaimiento del ateísmo militante es interpretado de distintas maneras. En efecto, hay quienes sostienen que esta forma de ateísmo ha decaído porque su rival, toda forma de religión, se está derrumbando y, por ello, ya no es necesario practicar un ateísmo tan agresivo. Esta es, por ejemplo, la postura que sostiene el escritor vienés Hans Chaim Mayer (más conocido por el pseudónimo: Jean Améry) cuando afirma que: «El ateísmo agresivo puede dimitir tranquilamente, porque también la fe ha dimitido ya»[51]. De este mismo parecer es Antonio Jiménez Ortiz cuando afirma que: «Se puede observar que en general el ateísmo no suele ser sostenido con la misma seguridad y militancia que en décadas pasadas. El tema "ateísmo" ha ido perdiendo interés en los círculos intelectuales, abriéndose, más bien, una actitud de cautela frente a las cuestiones religiosas, con la convicción de que, sobre estos temas, no puede saberse nada (…). En España el ateísmo ya no es agresivo y militante. Lo más frecuente es el agnosticismo, el nihilismo, el indiferen-

---

50 Lacroix, J.: op. cit.; pp. 10-11.

51 Améry, Jean: *Las provocaciones del ateísmo*; en Jürgen Shultz, Hans (1928-2012): *¿Es esto Dios?*; Ed. Herder, Barcelona, 1973, p. 214.

tismo, el materialismo y el hedonismo. El problema mayor de España no es el ateísmo ni el agnosticismo de los medios intelectuales, sino el creciente número de católicos no practicantes y su alejamiento progresivo de la Iglesia»[52].

Otros, en cambio, consideran que el ateísmo teórico positivo ha perdido pujanza porque ha fracasado en su intento de dar pruebas racionales de la no existencia de Dios; así lo reconoce el *Secretariado para los no creyentes* al afirmar que: «En nuestros ambientes occidentales, el ateísmo no ejerce ya una influencia decisiva. Se volvió menos arrogante, parecen faltarle argumentos, justificaciones y pruebas»[53]. Antonio Jiménez Ortiz insiste en este punto al destacar que: «El ateísmo contemporáneo ha abandonado su afán provocador de otros tiempos. No busca ante todo la negación de Dios, cuanto la afirmación total y absoluta del hombre. Subraya su opción ética y se propone como un auténtico proyecto de liberación para el ser humano. En el fondo, se trata de una fe, de una apuesta virtual e intelectual por un mundo sin Dios»[54].

52 Jiménez Ortiz, Antonio: *Ante el desafío de la increencia*; Editorial CCS, Madrid, 1994, p. 43.

53 Secretariado para los no creyentes: *Fe y ateísmo...*; op. cit., p. 21.

54 Jiménez Ortiz, Antonio: op. cit., p. 43.

VII

LA HEGEMONÍA DEL INDIFERENTISMO

Por muy paradójico que nos pueda resultar, la indiferencia religiosa es la forma más radical de ateísmo que se pueda dar; ya que el rechazo del amor de Dios del que hablábamos se produce de un modo total, se lleva a cabo con una fría radicalidad, puesto que Dios desparece por entero del horizonte de inquietudes en el espíritu humano. En este contexto, el ateo práctico por indiferentismo no tiene ningún tipo de interés en hablar de Dios, ni siquiera para hacerlo en su contra. Esta forma de ateísmo es la que se ha extendido de un modo masivo por nuestra sociedad occidental a partir de la segunda mitad del siglo XX; y lo ha hecho con una fuerza tal que en nuestros días llega a unos límites que, ni de lejos, jamás han sido conocidos en ninguna otra época.

En efecto, ya hemos visto que durante milenios el ateísmo resultó ser un fenómeno minoritario. A partir del siglo XIX, en cambio, se fue extendiendo cada vez más por las distintas capas de la sociedad. En primer lugar, se manifestó como la expresión de una reducida élite intelectual. En este sentido, los argumentos del ateísmo estaban al alcance de la comprensión de muy pocas mentes. Pero bien pronto llegó a todos los rincones de la sociedad, penetrando hasta los estratos más recónditos. A todo esto contribuyó de un modo decisivo el surgimiento de una nueva clase social, el proletariado. Nacida a la sombra del creciente fenómeno de la industrialización, en pocas décadas fue extendiéndose por buena parte de Alemania, Gran Bretaña y Bélgica, por el norte de países como Francia, Italia y España y por regiones del centro de Europa (como Bohemia, Moravia y Eslovaquia), así como, en menor medida, por otras tierras del Viejo Continente. Esta inmensa masa de trabajadores representó el terreno propicio para que, abonado por las ideas materialistas, fermentara y floreciera la revolución comunista fomentada por Karl Marx (1818-1883). Resulta paradójico ver cómo esta revolución estaba pensada para ser llevada a cabo en las sociedades capitalistas industrializadas y, en cambio, donde primero se materializó fue en la Rusia agraria de los zares, así como en la China y el Vietnam rurales, todas ellas sociedades por industrializar en el momento en que se produjo la instauración de sus respectivos regímenes comunistas.

En un contexto de lucha de clases entre el proletariado y la burguesía capitalistas, fue calando hondamente entre el primer colectivo, el proletariado europeo, el firme convencimiento de que la idea de Dios no era otra cosa que un concepto inventado por las superestructuras capitalistas (una mistificación, diría Marx), para tener un dominio sobre las conciencias de los trabajadores y así aplacar su sentimiento de frustración y poder asegurarse una sumisión que quedaría compensada con el premio del paraíso eterno en la otra vida, de forma que se sublimaran en sus corazones las ansias de subvertir el viejo orden establecido mediante la revolución del proletariado, apelando a la bienaventuranza que proclama que el reino de los cielos será de los mansos. A esto se le tendría que añadir la advertencia de Jesucristo al afirmar seriamente que resultaría más fácil ver pasar un camello por el ojo de una aguja que ver entrar a un rico en el cielo. La religión se convertía, así, en el opio del pueblo. Era el alucinógeno que consumía el proletario empobrecido y ahogado en una vida de miseria para poder sobrellevar su dramática existencia. La religión se convertía, pues, en el suspiro de la criatura oprimida, el alma de un mundo sin alma.

Aunque pueda parecer que el siglo XIX y la primera mitad del XX están jalonados por un cierto número de ateos teóricos ilustres, que han consagrado buena parte de sus esfuerzos y su producción intelectual a demostrar racionalmente —y de un modo incontestable— que Dios no existe, lo cierto es que la realidad no es exactamente así. En efecto, Karl Marx no se entretuvo en gastar fuerzas intentando demostrar la inexistencia real de Dios, pues sostuvo que esa tarea ya la había realizado Ludwig Feuerbach y, por tanto, partió del *hecho* de que Dios no existía para, así, diseñar el nuevo futuro de la humanidad. En realidad, la existencia o inexistencia de Dios le resultaba indiferente, lo importante era que el proletariado tomara conciencia de clase para poder llevar a cabo la revolución. De este modo, se puede afirmar que en Marx el teísmo no es el resultado de su tarea investigadora o reflexiva, sino que es un presupuesto de todo su pensamiento: filosófico, político, moral, social, económico, histórico y científico.

Con Wilhelm Friedrich Nietzsche sucede algo parecido. Efectivamente, el afamado filósofo alemán tampoco es un ateo teórico en el sentido de que se hubiera dedicado a buscar pruebas racionales de la inexistencia objetiva de Dios. Él mismo arroja una luz clarificadora sobre este punto. Nietzsche confiesa sin ambages que en él el ateísmo se presupone; es, tal como sucedía con Marx. En ambos, el ateísmo es un supuesto esencial de todo su pensamiento. Todo él está transido por la idea fundamental, en el sentido de que es el fundamento sobre el que se asienta todo el resto del edificio intelectual concebido por estos pensadores, de que el ateísmo es la base de sus respectivas visiones del mundo, del hombre, de la Historia y de la humanidad.

Tres cuartos de lo mismo pasa con los casos de Jean Paul Sartre, Albert Camus o Simone de Beauvoir. En todos ellos el ateísmo deviene en una situación de indiferencia ante el hecho de que da igual que Dios exista o no. La existencia del Absoluto es, según estos autores, irrelevante para el hombre, ya que está solo en el universo y tiene la responsabilidad de conquistar y ejercer su libertad. El hombre es dueño de su destino y ninguna divinidad le traza de antemano su biografía. Arrojado a la existencia sin haber sido consultado, el ser humano se encuentra ante el gran reto de tener que escribir el guion de su drama biográfico. Abocado a la existencia, el hombre ha de construir su vida en absoluta libertad, lo que le abruma con el peso insoportable de la responsabilidad total a la hora de diseñar su proyecto existencial.

Hemos visto antes cómo se ha afirmado que el ateísmo teórico ha dimitido en su beligerancia intelectual; es decir, ya casi no se encuentran ateos que pretendan dar argumentos filosóficos que intenten probar racionalmente la no existencia objetiva de Dios. También vimos que esto se achacaba a que los creyentes eran cada vez menos, es decir, a que el sentimiento religioso estaba cada vez menos extendido en la sociedad. Pero lo cierto es que los denominados padres del ateísmo moderno (Feuerbach, Marx, Engels, Nietzsche, Freud, Sartre, Camus, Beauvoir…) tampoco se consagraron a un derroche de argumentos teóricos para probar que Dios no existe verdaderamente. Sí que hay algunos argumentos, pero son pocos y, la verdad, de poco calado. Lo que revela que el ateísmo es más una decisión de la voluntad que una cuestión del intelecto.

Así pues, el ateísmo moderno se caracteriza más por ser volitivo que por tratarse de un producto del intelecto. Por ello, no es de extrañar que estos padres del ateísmo filosófico sean, en realidad, unos indiferentistas respecto al hecho religioso. Así pues, si los supuestos padres del ateísmo teórico eran en realidad indiferentistas, ¿qué es lo que cabría esperar de las grandes masas totalmente desinteresadas por las elucubraciones filosóficas?

La realidad es que desde los años sesenta del pasado siglo el indiferentismo religioso ha ido ganando terreno progresivamente en Europa Occidental, Escandinavia y, posteriormente, en otras zonas de Europa y América, y lo ha hecho reemplazando al ateísmo postulatorio. El auge del indiferentismo religioso ha ido acompañado por una reducción del ateísmo abiertamente beligerante. En efecto, al mismo tiempo que remitía el incremento del ateísmo militante, el agnosticismo crecía de una manera asombrosa. De este modo, la consecuencia inmediata del gran aumento que ha experimentado el agnosticismo en los últimos años ha sido el espectacular desarrollo que ha tenido el indiferentismo religioso.

El ateo de hoy, el ordinario, el más numeroso, ya no es el que se esfuerza por demostrar en los debates que Dios no existe objetivamente, aportando argumentos racionales. El ateo actual, mayoritariamente, es el que ni si quiera se plantea la cuestión de si Dios existe verdaderamente o no. En este contexto, cabe reconocer que las filas del indiferentismo se engrosan desde distintas procedencias. Una de ellas la acabamos de citar, nos estamos refiriendo al agnosticismo. Pero no es esta su única cantera, ya que otra fuente de militantes potenciales para el indiferentismo, y cada vez en una escala mayor, la representa el conjunto formado por los *creyentes no practicantes*. La suma de estos factores da como resultado el hecho de que la indiferencia parece erigirse como la gran ganadora de la crisis religiosa de las últimas décadas.

Ahora bien, el indiferentismo no supone el final absoluto de toda preocupación religiosa. Esto es algo que resulta absolutamente imposible. Poco o mucho, en un momento u otro de su vida, el hombre se plantea cuestiones trascendentes. Lo que sucede es que el indiferente suele soslayar rápidamente esos instantes para volver al tranquilo discurrir de la indiferencia.

El retorno a la inmersión en la cotidianeidad es el antídoto idóneo que encuentra el indiferente para anestesiar el asalto que, de tanto en tanto, se produce por parte de las ineluctables *huellas de la trascendencia*.

La indiferencia se presenta actualmente como una apuesta por la *libertad* y la *tolerancia*. El indiferente se aleja de la creencia por no ver en ella nada que pueda aportar algo positivo a la inmanencia del ser. Creer en un ser trascendente es algo que no le aporta nada a la vida del indiferente, pues considera que Dios no es más que una palabra que hace referencia a una ficción creada por nuestra mente; igual que pasaría con la palabra *minotauro, hidra* o *sirena*.

El discurrir del ente, la vida cotidiana, se presenta de tal modo que ante los ojos del indiferente todo su ser se agota en la finitud. De este modo, una causa trascendente se antoja como una hipótesis inútil. Además, el prejuicio que supone la gnoseología empirista del indiferentismo le lleva a considerar la hipótesis de Dios como algo que no solo resulta inútil, sino incluso incierto e improbable: puesto que Dios jamás se habría dado como objeto de una experiencia empírica, de manera que nunca se podría haber verificado la objetividad de la proposición «Dios existe». Incerteza e improbabilidad en la lógica tolerante del indiferentismo equivale a «imposibilidad». Todos sabemos que lo improbable no tiene por qué ser absolutamente imposible, pero en el discurso complaciente del indiferentismo «improbable» es la forma edulcorada de decir que no puede existir ningún ser inmaterial.

VIII

LA INDIFERENCIA RELIGIOSA COMO FORMA ACTUAL DE ATEÍSMO MASIVO

El número de pensadores famosos que intentan dar razones de su negación de Dios ha disminuido drásticamente. Pero el número de personas que en su vida cotidiana viven en el olvido radical de Dios y, por lo tanto, realizan de modo práctico el ideal del ateísmo, ha crecido enormemente en la sociedad occidental, especialmente en Europa, hasta convertirse en la forma mayoritaria de ateísmo actual.

El indiferentismo religioso, en cuanto negación práctica de la existencia de Dios, es la forma actual más destacada de ateísmo masivo; constituyendo, sin duda alguna, la rama de ateísmo más extendida en la actualidad. Sus dimensiones son tan vastas que incluso el paladín literario del ateísmo positivo español de las últimas décadas, Gonzalo Puente Ojea, se irrita sobremanera por la indiferencia del despreocupado. El ateísmo teórico fue la gran seducción de las élites intelectuales durante los siglos XIX y XX, pero Puente Ojea se queja de que, en nuestros días, ni siquiera los intelectuales se interesan por conocer, y no digamos ya estudiar, cuáles son las razones por las cuales es más sensato ser ateo que creyente[55].

Dado que el ateo práctico es el que predomina en nuestra sociedad occidental, se puede decir que: «El *rasgo fundamental de Europa y América del Norte es la no creencia práctica*»[56]. De forma general puede afirmarse de una manera más o menos válida para todos los países de Europa occidental, que el ateísmo militante es algo que pertenece al pasado, mientras que el ateísmo práctico conoce una difusión cada vez más amplia. Muy pocos son los que quieren pasar hoy por *no creyentes o ateos*, en el sentido beligerante de la expresión. En una época en la que se clama y se proclama en favor del valor de la tolerancia, cómo no iba a sostenerse que quien encuentre consuelo en la ficción teológica es muy libre de gastar tiempo y energías en rezarle a un ser ficticio, si ello le reporta consuelo espiritual.

No creer en Dios no es, pues, la mayor preocupación del hombre actual, ni mucho menos. La ausencia de Dios se convirtió para un gran número de personas en algo tan normal y evidente en sí mismo que no provoca ya cuestionamientos ni pide explicaciones. La increencia es, pues, como un gran *a priori* que no plantea problemas de conciencia al hombre actual[57]. Dada esta situación, el *Secretariado para los no creyentes* considera que: «Posiblemente, el problema más grande no

---

55 Puente Ojea, Gonzalo: *En defensa del ateísmo*; Ed. Siglo XX, Madrid, 1995, p. 21.

56 Secretariado para los no creyentes: *Fe y ateísmo...*; op. cit., p. 270.

57 *Ibidem* p. 45, p. 120 y p.109. Ejemplos concretos del gran avance del indiferentismo son Italia, de la que el Secretariado para los no creyentes dice que: «El problema de más envergadura es la indiferencia religiosa, que afecta a un 59 % de la población de la península», y Canadá, de la que afirma que en: «El ateísmo en Canadá es el ateísmo del hombre que no siente ni siquiera la necesidad de una salvación traída por Dios» (*Ibidem*, p. 50). De Austria señala que: «La gran masa parece estar instalada en el ateísmo práctico y en la indiferencia por las cuestiones religiosas» (*Ibidem.*; p. 119). Por su parte, en los países escandinavos: «El fenómeno de la indiferencia religiosa es masivo. En Suecia son muy pocos los que participan en los oficios de los domingos; prácticamente nadie en numerosas parroquias» (*Ibidem*; pp. 132 y 131).

sea ya el ateísmo como visión del mundo, sino un escepticismo difuso y generalizado. Hay menos hostilidad hacia la Iglesia, pero aumenta el indiferentismo religioso»[58].

Nos referíamos en el epígrafe anterior al hecho de que estábamos más bien en una sociedad *posatea*. Pues bien, esta situación es, precisamente, el final social que predecía el antiteísmo marxista. En efecto, para Marx, lo ideal era una sociedad en la que ya no se tuvieran que gastar energías en tener que combatir la idea de Dios, puesto que el indiferentismo religioso se habría adueñado de las conciencias de todos sus miembros. En tal situación, el hombre se vería liberado de la alienación religiosa y, así, podría concentrar todas sus energías en establecer, por fin, la dictadura del proletariado. De aquí que Jean Lacroix haya afirmado que: «En este sentido, Marx ha podido escribir que el ateísmo debía ser superado. Lo cual significa tan solo que el comunismo considera acreditada la inexistencia de Dios, pudiendo así partir efectivamente de la existencia del hombre»[59].

Karl Marx planteó esta cuestión en los siguientes términos: «El comunismo empieza en seguida con el ateísmo, el ateísmo está aún muy lejos de ser comunismo porque aquel ateísmo es aún una abstracción»[60]. Lo que sostiene aquí Marx es que el ateísmo todavía es demasiado abstracto; es el ateísmo de las cavilaciones teóricas que intentaría demostrar, mediante razonamientos, que Dios no existe. El ateísmo concreto, la forma suprema de ateísmo, sería el ateísmo práctico de la indiferencia. En este tipo de ateísmo ya no es necesario beligerar contra

---

58 *Ibidem*; p. 45.

59 Lacroix, Jean: Op. cit.; p. 13.

60 Marx, Karl: *Manuscritos: economía y filosofía*; Alianza Editorial, Madrid, 1989, pp. 144-145.

Dios, porque Este habrá desaparecido totalmente del horizonte de la conciencia y de la praxis humana[61].

Así pues, nuestro tiempo ha hecho válidas las siguientes afirmaciones: «Dios no es ya problema. Ni tenerlo en cuenta ni aludir a Él. Sencillamente desconocerlo. Silencio y desprecio para con Dios. Ni siquiera la negación o el ataque. Lo mismo el pensamiento que la sociedad del futuro se han de edificar al margen de todo sentido religioso. Con este descartar a Dios y con este silenciarlo, se le infiere el mayor desprecio»[62].

Para el marxismo, la idea de Dios debía ser combatida hasta ser extirpada de la praxis humana, entonces desaparecerían simultáneamente Dios y el antiteísmo, porque ya nadie se plantearía cuestiones religiosas[63]. El ateísmo llega a su plenitud cuando en una sociedad ya nadie se plantea el tema de Dios, ni siquiera para molestarse en negar su existencia; y esto es, precisamente, en lo que consiste el indiferentismo religioso. A partir de este momento es cuando tenemos una sociedad posatea.

A este respecto, cuenta el periodista André Frossard, hijo del que fuera primer presidente del Partido Comunista Francés, que en su familia: «Éramos ateos perfectos, de esos que ni se preguntan por su ateísmo; pues el ateísmo perfecto no era ya el

---

61   Unas líneas más adelante del texto referido en la cita anterior, Marx afirma que en el devenir de la naturaleza se origina la esencia del hombre y esto hace que sea superflua y «prácticamente imposible la pregunta por un ser extraño, por un ser situado por encima de la naturaleza y del hombre (una pregunta que encierra el reconocimiento de la no esencialidad de la naturaleza y del hombre). El ateísmo, en cuanto negación de esa carencia de esencialidad, carece ya totalmente de sentido, pues el ateísmo es una negación de Dios y afirma, mediante esa negación, la existencia del hombre; pero el socialismo, en cuanto socialismo, no necesita ya de tal mediación» (*Ibidem*; pp. 155-156).

62   Martínez Vadillo, Marcos: *El ateísmo*; en VV. AA.: *Historia de la espiritualidad*; Juan Flors Editor, Barcelona, 1969, p. 689.

63   «El fenómeno capital es hoy el materialismo práctico. Los hombres y las mujeres marcados por este materialismo práctico... siguen confinados en el horizonte terrestre y la cuestión de Dios no parece concernirles. Tenía razón Marx a este respecto: la sociedad industrial engendró un tipo de hombre para el que esta cuestión pertenece al pasado» (Martínez Vadillo; op. cit., pp. 62-63).

que negaba la existencia de Dios, sino aquel que ni siquiera se planteaba el problema»[64].

Dadas estas circunstancias se comprende que Hegel pudiera afirmar que la palabra «Dios» se había convertido en un vocablo carente de sentido[65]. Sería un simple *flatus vocis*, de manera que lo mejor sería dejar de usarlo para evitar equívocos. En este contexto tendría sentido el siguiente consejo de Hegel: «Puede ser útil, por ejemplo, evitar la voz *Dios*»[66].

Ya no estamos, pues, frente a una forma de ateísmo que procura dar justificaciones racionales de su increencia, sino que se trata de una cosmovisión en la que la vida se organiza sin tener ninguna referencia a Dios; de aquí que Jean Lacroix sostenga que: «El espíritu humano no prueba la inexistencia de Dios, pero deja de sentir su necesidad»[67].

En efecto, mientras que en el ateo teórico Dios está de algún modo presente (a saber: como objeto de rechazo, como entidad que hay que negar); en el ateo práctico Dios no está presente de ninguna manera; en este el rechazo de Dios es más suave, pero más radical. Esto ha llevado a F.H. Drinkwater a lamentarse de que: «Por desgracia, hoy día muchas personas llegan a la edad adulta sin haberse formado de Dios ni la más vaga idea, ni tan siquiera equivocada»[68]. Prescindir totalmente de Dios es el mayor grado de radicalidad que puede alcanzar el ateísmo, es por esto que puede afirmarse que: «La parte más viva y más profunda del ateísmo contemporáneo tiende a situarse en cierto modo más allá del problema de Dios. La peor crítica elimina

---

64   Frossard, André: *Dios existe, yo me lo encontré*; Ed. Rialp, Madrid, 1981, p. 26.

65   Hegel, Wilhelm G.: «La palabra *Dios* de por sí no es más que una locución carente de sentido, un simple nombre» (*Fenomenología del espíritu*; Prólogo; II).

66   *Ibidem*; IV.

67   Lacroix, J.; op. cit., p. 24.

68   Drinkwater, F.H.: *El problema de la existencia de Dios*; Ed. Herder, Barcelona, 1970, p. 35.

radicalmente el problema mostrando que carece de interés y de importancia para la masa de hombres de hoy»[69].

En el ateísmo práctico Dios desaparece totalmente; esta es la vía cuyo tránsito conduce al indiferentismo religioso. El indiferentismo religioso masivo, el ateísmo práctico universal o, lo que es lo mismo, el ateísmo sociológico, es la consecuencia lógica y deseada del ateísmo teórico positivo. En cierto sentido puede decirse que este ha fracasado, puesto que ninguno de los argumentos racionales propuestos por él para demostrar objetivamente la inexistencia real de Dios han logrado ser convincentes. Sin embargo, el indiferentismo religioso está ampliamente extendido en Occidente. ¿Qué ha sucedido? ¿Cómo es que de la beligerancia contra Dios se ha pasado a la indiferencia ante Él? Si nadie ha conseguido jamás demostrar racionalmente, de un modo convincente, la inexistencia de Dios, ¿cómo es que hay tantos ateos prácticos? La respuesta no es sencilla, pues confluyen multitud de factores. Lo primero que hemos de tener en cuenta es que, ante esta cuestión (si Dios existe o no), la persona no se enfrenta a ella con las solas luces de la razón, sino que también intervienen motivaciones volitivas; Friedrich Wilhelm Nietzsche es un buen ejemplo de ello.

---

69 Lacroix, J.; op. cit., pp. 11-12.

IX

DEL AGNOSTICISMO TEÓRICO AL ATEÍSMO PRÁCTICO

Nuestra tesis sostiene que el indiferentismo religioso actual no es el heredero directo del ateísmo teórico positivo cultivado a partir de la segunda mitad del s. XIX y desarrollado durante la primera mitad de la pasada centuria, sino que desciende del agnosticismo que fue ganando peso a lo largo de la segunda mitad del siglo XX.

El agnosticismo teórico es aquella postura que mantiene que el hombre no es capaz, con las solas fuerzas de la razón, de establecer pruebas concluyentes a favor o en contra de la existencia de Dios. Ahora bien, el agnosticismo teórico, exceptuando el fideísmo, en la práctica se traduce en un comportamiento ateo. El agnóstico teórico a la hora de ordenar su conducta no tiene en cuenta ninguna referencia a Dios, organiza su vida como lo haría un ateo práctico. En efecto, el agnóstico opera con el siguiente esquema: «Como no puedo tener certeza empírica o racional de la existencia de Dios, en mi vida me comportaré como si este no existiera». Ningún agnóstico (excepto los fideístas) concluye inversamente, diciéndose a sí mismo: «Como no puedo saber si Dios no existe, actuaré como si existiera». El testimonio de Albert Camus es un buen ejemplo de lo que decimos cuando afirma que: «Desgarrado entre el mundo que no basta y el Dios que no posee, el espíritu absurdo elige con pasión el mundo; dividido entre lo relativo y lo absoluto, se precipita con ardor en lo relativo»[70].

Así pues, se puede afirmar que el agnosticismo teórico es un ateísmo práctico. No es de extrañar, pues, que el Catecismo de la Iglesia Católica reconozca esta misma tesis al afirmar que: «El agnosticismo equivale con mucha frecuencia a un ateísmo práctico»[71].

La única modalidad de agnosticismo que no conduce directamente al ateísmo práctico es el fideísmo. El fideísmo es aquella rama del agnosticismo que, pese a negar la capacidad de la razón para demostrar o refutar la existencia de Dios con una fuerza probatoria válida, afirma que el entendimiento humano puede llegar al conocimiento firme de la existencia del Ser Supremo a través de la fe. Un célebre ejemplo filosófico de esta postura lo representa Immanuel Kant, quien sostiene que: «Tuve, pues, que suprimir el saber para dejar sitio a la fe»[72]. Él mismo advierte a continuación que una de las finalidades que se propone en la *Crítica de la razón pura* es acabar con el ateísmo, ya que: «Solo a través de la crítica es posible cortar las mismas raíces del materialismo, del fatalismo, del ateísmo, de la incredulidad librepensadora, del fanatismo y la superstición»[73].

---

70 Camus, Albert: *Carnets, 2*; Alianza Editorial, Madrid, 1985, p. 198. Por esto mismo sostiene Juan Antonio Estrada que: «Desde la postura del falsacionismo crítico, el agnosticismo y el ateísmo aparecen como las dos posturas más consecuentes, ya que el teísmo resulta una hipótesis innecesaria, que no aporta nada a la explicación de la realidad» (Estrada, J. A.: *Dios en las tradiciones filosóficas, 2. De la muerte de Dios a la crisis del sujeto*; op. cit., p. 19).

71 *Catecismo de la Iglesia Católica*; Asociación de Editores del Catecismo, Madrid, 1992, nº 2128, p. 473.

72 Kant, Immanuel: *Crítica de la razón pura*; B XXX; Ed. Alfaguara, Madrid; 1986.

73 *Ibidem*; Krv. B XXXIV.

Las formas de agnosticismo no fideísta en la práctica acaban desembocando inexorablemente en modos de organización vital que prescinden de Dios. Examinemos un ejemplo histórico famoso; nos referimos a la postura de Protágoras, célebre sofista griego que, frente a la existencia o no de los dioses, confiesa no ser capaz de poder decidirse racionalmente por ninguna de las dos tesis. En efecto, según cuenta el doxógrafo Diógenes Laercio, Protágoras inició su libro *Acerca de los dioses* afirmando que: «Con respecto a los dioses no puedo conocer ni si existen ni si no existen, ni cuál sea su naturaleza, porque se oponen a este conocimiento muchas cosas: la oscuridad del problema y la brevedad de la vida humana»[74].

Como puede apreciarse, Protágoras no niega que los dioses existan, luego no es ateo; lo que afirma es que desconoce si los dioses existen o no, y por esto su postura es agnóstica[75]. Además, el sofista de Abdera da dos razones de su «desconocimiento»; por un lado, está la complejidad del problema y, por otra parte, que es lo que más nos importa aquí, la necesidad de aplicar una gran cantidad de tiempo para poder dilucidar esta cuestión. En efecto, es muy arriesgado invertir una buena parte de nuestro precioso y escaso tiempo en especulaciones *a priori* inciertas y que no nos reportan ningún beneficio práctico inmediato. La conclusión a la que nos invita Protágoras es bien evidente: no negamos que Dios exista, pero como tampoco sabemos si existe, y no podemos dedicarnos a averiguarlo, deberíamos organizar nuestra vida práctica prescindiendo totalmente de

---

74 Laercio, Diógenes: *Vida de los filósofos más ilustres*; IX; 51. Cf., también Piqué Angordans, Antonio: *Sofistas. Testimonios y fragmentos*; Ed. Bruguera, Barcelona, 1985, p. 18.

75 Como puede apreciarse, nuestra postura no concuerda con la opinión de Diógenes de Oenoandia, cuando califica de doctrina atea el agnosticismo del sofista de Abdera: «Protágoras dijo que no sabía si los dioses existen, lo que equivale a decir que sabía que no existen» Frag.; 12; 2; 1. (Cf. *Protágoras y Gorgias. Fragmentos y testimonios*; Ed. Orbis S.A., Barcelona, 1984, p. 73).

la existencia de Dios. Por esto sostenemos que el agnosticismo teórico es ateísmo práctico.

En su célebre novela titulada *El lobo estepario*, el Premio Nobel de Literatura Hermann Hesse critica con firmeza esta forma de ver la vida. El protagonista, Harry Haller, se revela contra este modo de razonar, según el cual la brevedad de la vida condicionaría nuestros intereses, desligando a las personas de los valores que las abren a la trascendencia y las agotan en lo finito. «Con verdades como la de que todos tenemos que morir en plazo breve y, por tanto, que todo es igual y nada merece la pena, con esto se hace uno la vida superficial y tonta»[76], dice Hesse.

La brevedad de la vida no justifica ni el desinterés por lo trascendente ni el apego desmesurado a lo puramente mundano. Muy por el contrario, la certeza de la muerte y el hecho de que puede acaecernos en cualquier instante, convierte en más apremiante la reflexión personal en torno a la inmortalidad del alma y la existencia de Dios. Es cierto que las denominadas «situaciones límite» espolean a muchas personas, estimulándolas a meditar en torno a las cuestiones claves que afectan al ser humano de un modo más esencial. Pero... ¿realmente hay que esperar a que la vida nos golpee con dureza para abrirnos a la trascendencia? Reflexionando acerca de este tema, José Luis Aranguren advirtió que estas situaciones no son ni las únicas ni las mejores para llevar a cabo una reflexión acerca del sentido de la vida o para interrogarnos sobre el más allá. Según este filósofo español: «Hay hombres que para llegar a la esperanza ultramundana se ven obligados a pasar por una desesperación intramundana. No es, probablemente, el mejor camino. El mejor camino consiste, a mi parecer, en renunciar a lo natural por un sacrificio cuando aún conservamos nuestras esperanzas puestas en ello; es decir, renunciar a una esperanza por otra esperanza más alta. O bien esperar, a la vez, en el mundo

---

76 Hesse, Hermann: *El lobo estepario*; Alianza Editorial, Madrid, 1983, p. 129.

y en el más allá de él, con una esperanza que, sin renunciar al mundo y a nuestra tarea en el mundo, lo transcienda y desborde: la esperanza de quien *en* el mundo encuentra a Dios. No es, pues, el camino mejor, pero es *un* camino, porque a algunos hombres solamente se les abre la perspectiva de una esperanza *ultraterrena* tras el desengaño y la desilusión, tras el abandono de todas las esperanzas terrenas»[77].

Decíamos al principio de este parágrafo que la increencia actual es como un *a priori* que no plantea problemas. En efecto, el agnosticismo es vivido hoy de una forma tan natural que se ha convertido en un *a priori* cultural de nuestra sociedad. El ya citado Jean Améry es un buen ejemplo de esta postura. Para él el agnosticismo es un *a priori* tan evidente que no merece ser discutido. El agnosticismo lo entiende como un vacío en torno al problema de Dios; algo que, en la práctica, resulta equivalente a su negación, con lo que concluye identificando el agnosticismo y el ateísmo, llegando a considerarlos términos sinónimos. Pero esta negación ya no es beligerante, sino que se lleva a cabo sin celo, con la elegante indiferencia de una tolerancia vacía de contenido. El parecer de Améry es elocuente, para él la tolerancia del agnóstico es pura cortesía. Cuando el agnosticismo está planteado con esta radicalidad el diálogo parece casi imposible. El texto íntegro reza así: «Para el verdadero agnóstico la posibilidad de la existencia de Dios resulta una posibilidad tan pálida, tan abstracta y existencialmente tan insignificante, que su admisión no es más que una contemporanización lógico-crítica y en cierto modo una especie de gesto cortés; ese vacío en torno al problema de Dios es casi equivalente a la negación de Dios —que, por lo demás, se lleva sin celo, con la elegante indiferencia de una tolerancia vacía de contenido—. En ese sentido me siento tan ateo como agnóstico y en las páginas que siguen emplearé ambos concep-

---

77   Aranguren, José Luis: *Ética*; Alianza Editorial, Madrid, 1981, pp. 226-227.

tos como intercambiables»[78]. Desde luego, se trata de palabras escalofriantes.

No todo el mundo está de acuerdo con esta identificación entre agnosticismo y ateísmo. Hanson Norwood Russel, por ejemplo, protestó con energía, de manera que, tras haber descrito qué es un agnóstico y haber criticado duramente la lógica del agnosticismo, llega a tildar a los agnósticos de incoherentes, puesto que, para Hanson, los agnósticos que son coherentes, al punto se hacen ateos[79].

Pero… ¿por qué es tan difícil dialogar con el agnosticismo? Porque, en el fondo, la no existencia de Dios, pese a no tener certeza de ella, le resulta *casi* evidente, o simplemente porque el problema de la existencia o no de Dios le resulta indiferente. Ahora bien, ¿por qué resulta casi *evidente* que Dios no existe? Desde Kant la respuesta es recurrente: porque Dios no es un objeto de la experiencia posible[80].

---

78   Améry, Jean: *Las provocaciones del ateísmo*; en Jürgen Shultz, Hans: *¿Es esto Dios?*; op. cit., p. 214.

79   Norwood Russel, Hanson: *En lo que no creo*; Cuadernos Teorema, Universidad de Valencia, 1976; pral. pp. 23, 34-35 y 37.

80   «Lo más que puede hacer *a priori* el entendimiento es anticipar la forma de una experiencia posible; nunca puede sobrepasar los límites de la sensibilidad —es en el terreno de esos límites donde se nos dan los objetos—, ya que aquello que es fenómeno no puede ser objeto de experiencia», dice el filósofo alemán en su *Crítica de la razón pura* (Krv.; B 303). De un modo más conciso pero más explícito, afirma Kant esto mismo en Krv. B 165: «No podemos, pues, tener conocimiento *a priori* sino de objetos de experiencia posible». Es decir, no podemos conocer la existencia de Dios porque no es un objeto posible de nuestra experiencia. A Dios no podemos moldearlo con nuestras intuiciones puras de manera que podamos tener una intuición empírica de él que pueda ser modelada posteriormente por las categorías puras del entendimiento. Para Kant, desde el punto de vista de la razón teórica, Dios es una idea trascendental de la razón pura. Desde el punto de vista de la razón práctica es un postulado.

X

Dios y la experiencia humana

Es comprensible que se piense que el único conocimiento fiable es el que tiene su base en la experiencia sensorial, ya que los objetos experimentables de una forma sensible manifiestan una existencia evidente. El problema viene cuando se afirma que la experiencia sensorial es la única fuente de conocimiento fiable, porque solo los objetos sensibles son los realmente existentes. Es decir, solo existen de un modo objetivo las realidades materiales. Si esto fuera así, el materialismo tendría razón y no existirían las realidades espirituales, entre ellas Dios.

Pero la cuestión no es tan sencilla. Para empezar, ¿por qué la experiencia posible solo puede ser la sensorial? ¿No pueden existir otros tipos de experiencias que no sean puramente materiales? En efecto, dado que el conocimiento sensible es el más evidente respecto a nosotros (*quoad nos*, decían los escolásticos), fácilmente nos puede asaltar la tentación de considerar la contrastación empírica como *el* criterio de significación y de verdad, de manera que una proposición será verdadera solamente si resulta empíricamente contrastable y un término únicamente tendrá sentido si podemos asignarle un referente empírico.

Esta idea, aunque ya está presente en algunas de las corrientes de pensamiento de la filosofía griega y se prolonga en la Edad Media a través del nominalismo de Guillermo de Ockham, llega hasta nuestros días de la mano del empirismo anglosajón, especialmente encarnado en la figura de David Hume, sin olvidarnos de la versión kantiana.

En las *Investigaciones sobre el entendimiento humano*, el filósofo escocés presenta el criterio de significación con un cariz netamente empirista y lo formula del siguiente modo: «Si albergamos la sospecha de que un término filosófico se emplea sin significado o idea alguna (como ocurre con demasiada frecuencia), no tenemos más que preguntarnos de qué impresión se deriva la supuesta idea y, si es imposible asignarle una, esto serviría para confirmar nuestra sospecha»[81]. En la primera parte de la sección séptima de las *Investigaciones*, Hume vuelve a manifestar que su criterio de significación es puramente empirista. Si queremos conocer el sentido o significado de un término, o de la idea a que ese término se refiere (pues nuestro lenguaje lo que hace es expresar nuestros pensamientos), debemos ver de qué impresiones se derivan esas ideas oscuras y así las percibiremos claramente[82].

A pesar de ser un idealista (trascendental), Kant considera que lo real «es lo que se halla en interdependencia con las condiciones materiales de la experiencia»[83]. Dicho de otro modo, el criterio de realidad, el criterio para que algo aparezca como real, es que se nos presente dado en la experiencia sensible; que se nos aparezca a los sentidos. Por esto afirma que: «Es real lo que, de acuerdo con las reglas empíricas, se halla vinculado a

---

81 Hume, David: *Investigaciones sobre el entendimiento humano*; Alianza Editorial, Madrid, 1988, p. 37.

82 «¿Con qué invento podemos arrojar luz sobre estas ideas y hacerlas totalmente precisas y delimitadas ante la mirada de nuestro entendimiento? Exhíbanse las impresiones o sentimientos originales de los que han sido copiadas nuestras ideas» (*Ibidem*; p. 86).

83 Krv.; B 266.

una percepción»[84]. Así pues, según Kant, no nos resulta posible conocer la realidad de algo sin alguna percepción previa, ya sea la percepción del objeto mismo, ya sea de algún otro con el que está relacionado, de ahí que sostenga que: «Es real todo cuanto se halla en conexión con una percepción según las leyes del progreso empírico»[85].

¿Qué tienen que ver estos planteamientos de Hume y Kant con el tema del ateísmo? Es muy sencillo: ¿puede vincularse a Dios con una percepción sensorial? ¡No! Luego no es real según este criterio kantiano de realidad. Puede extrañar ver a Kant situado entre el empirismo humeano y el Neopositivismo lógico, pero en este punto el filósofo de Königsberg se nos presenta como un pensador de fuerte acento empirista.

El Neopositivismo lógico en este punto, como en tantos otros, es heredero de esta tradición empirista, incluida la variante kantiana, y así lo testifica Carl Gustav Hempel cuando define el criterio de significación empírica tal como era concebido por el Círculo de Viena. Según Hempel: «El principio fundamental del empirismo moderno es la idea de que todo conocimiento no analítico se basa en la experiencia. Llamamos a esa tesis el principio del empirismo. El empirismo lógico contemporáneo le ha añadido la máxima según la cual una oración constituye una afirmación cognoscitivamente significativa y puede, por tanto, decirse que es verdadera o falsa únicamente

---

84   *Ibidem*. Cif. también Krv. A 376.
85   Krv.; B 521.

si es o bien 1) analítica o contradictoria, o bien 2) capaz, por lo menos en principio, de ser confirmada por la experiencia»[86].

La postura gnoseológica del indiferentismo religioso actual es el empirismo radical. Su posicionamiento lo lleva a cabo de un modo dogmático, pues no admite la posibilidad contraria. El indiferentismo también se caracteriza por ser acrítico, ya que su apuesta no está basada en raciocinios profundamente meditados, sino en prejuicios volitivos.

El proceso que ha llevado del agnosticismo al ateísmo ha sido lento, pero se ha consumado. Los *maestros de la sospecha* niegan que la Metafísica pueda ser una modalidad de conocimiento objetivo válido, porque solo el conocimiento empírico puede garantizarnos la existencia de su objeto. Como dice Carlos Cardona, esto ha llevado a una situación en la que se ha producido el paralogismo de empezar por decir «no se sabe si», para inferir en seguida que «se sabe que no» para concluir que «del agnosticismo a la negación hay un solo paso teórico y ninguno práctico»[87]. ¿Por qué? Pues por la sencilla razón de que «de la afirmación: no conocemos nada que se sitúe más allá de nuestra experiencia sensible, se pasa fácilmente a la siguiente: no existe nada más allá de los datos de nuestra experiencia sensible»[88]. Kant se pronunció rotundamente en contra de este planteamiento y denunció la falsedad que encerraba el

---

86 Hempel, C. G. (1905-1997): *Problemas y cambios en el criterio empirista de significado*; en Ayer, Alfred Jules: *El positivismo lógico*; Ed. FCE, México, p. 115. En nota a pie de página Hempel añade: «W.T. Stace arguye, en efecto, que el criterio de comprobabilidad del significado no es implicado lógicamente por el principio del empirismo (...). Este es correcto: de acuerdo con el principio del empirismo, una oración expresa conocimiento solo si es analítica o la corrobora la evidencia empírica; mientras que el criterio de significado va más lejos e identifica al dominio del lenguaje cognoscitivamente significante con el del conocimiento potencial; es decir, concede sentido cognoscitivo solo a oraciones para las cuales —a menos que sean analíticas o contradictorias— sea concebible una prueba empírica» (*Ibidem*).

87 Cardona, Carlos: *Metafísica del bien y del mal*; Ed. Eunsa, Pamplona, 1987, p. 195.

88 Secretariado para los no creyentes: *Fe y ateísmo...*; op. cit.; p. 31.

salto injustificado que da. Observa el filósofo prusiano que la experiencia nunca puede demostrar que una causa no exista por el mero hecho de que esta nunca pueda captarla, lo único que la experiencia enseña es que no podemos percibirla[89].

---

89 «¿Quién puede demostrar la no existencia de una causa por medio de la experiencia, cuando esta no nos enseña otra cosa, sino que no percibimos la causa?» (Kant, Immanuel: *Fundamentación de la metafísica de las costumbres*; Ed. Aguilar, Buenos Aires, 1973, p. 98.

XI

CARACTERÍSTICAS DEL INDIFERENTISMO ACTUAL

Las economías de las sociedades occidentales se basan en el consumo. El *consumismo* consiste en convertir esta necesidad socioeconómica en una necesidad psicológica. No saber establecer los límites que separan el consumo responsable (necesario para mantener el sistema económico característico de las sociedades democráticas) del anhelo desmedido de bienestar puede hacernos caer en un estilo de vida en donde centrar las esperanzas en acaparar bienes materiales, convirtiendo su prosecución y su disfrute en el horizonte último, lleve a relegar primero, y preterir después, cualquier preocupación por cuestiones trascendentes. Por esto afirma Albert Camus que: «Si el erario tiene importancia, es porque la vida humana carece de ella»[90]. Elevar a rango de valor absoluto la consecución, goce y disfrute de bienes materiales es signo inequívoco de que el hombre ha errado su orientación en la donación de significado a su vida.

---

90 Camus, Albert: *Calígula*; Summa Literaria, Vol. IV, Ed. Seix Barral, Barcelona, 1985, p. 438.

Eccles y Robinson han resumido las grandes corrientes ideológicas de nuestro tiempo en cinco categorías: a) el cientificismo; b) el relativismo moral; c) el materialismo; d) el evolucionismo reduccionista; y e) el ambientalismo. La suma de estas cinco ideologías da lugar a lo que denominan *filosofía folk*, por su carácter divulgativo, popular y nada crítico[91].

Preocupado exclusivamente por los acontecimientos de la vida cotidiana, el indiferentista prescinde habitualmente de cualquier reflexión metafísica que le lleve a trascender el orden material, porque considera que esta le resulta totalmente inútil para afrontar los problemas que la vida plantea en el día a día. «En el fondo —dice Antonio Jiménez Ortiz—, la indiferencia consiste en una selección subjetiva de valores, en la que el individuo abandona aquellos de carácter religiosos por no considerarlos relevantes para su vida. Se abandonan por inservibles»[92].

Entre las voces que protestan contra esta despreocupación por las cuestiones trascendentes puede escucharse la del filósofo existencialista ateo Albert Camus, quien nos hace ver que al menos hay un problema que no debería ser enajenado jamás a la reflexión humana. Según él: «Juzgar si la vida vale o no vale la pena vivirla es responder a la pregunta fundamental de la filosofía. Opino, en consecuencia, que el sentido de la vida es la pregunta más apremiante»[93]. Blas Pascal también considera que es injustificable el permanecer indiferente ante las cuestiones últimas que afectan al ser humano de un modo radical, pues «encuentro bien que se deje de profundizar en la opinión

---

91 Eccles, J.C. y Robinson, D.: *The wonder of being human*; New York, The Free Press, 1984, pp. 4-6. Citado por Artigas, Mariano: *El hombre a la luz de la ciencia*; Ed. Palabra, Madrid, 1992.

92 Jiménez Ortiz, Antonio: *Ante el desafío de la increencia*; Editorial CCS, Madrid, 1994; p. 82.

93 Camus, Albert: *El mito de Sísifo*; Alianza Editorial, Madrid, 1981, pp. 15-16.

de Copérnico; pero importa toda la vida saber si el alma es mortal o inmortal»[94].

Ya dijimos en el apartado anterior que el indiferentismo adopta una postura metafísica y gnoseológica muy concreta: el empirismo radical. Solo me preocupo de esta vida porque es la única de la que tenemos certeza inmediata y absoluta. Como no podemos experimentar nada relativo a la otra vida de la que nos habla la religión, no merece la pena dedicar tiempo al estudio de objetos de los cuales no podemos tener certeza alguna. De este modo, se hace presente en nuestros días la opinión de Protágoras sobre la utilidad de invertir tiempo en pensar sobre la existencia o no de los dioses.

El indiferentismo religioso no atribuye ninguna importancia al problema de Dios porque se trata de una entidad cuya existencia se declara incierta, ya que es imperceptible en la experiencia sensorial, que es considerada como única fuente de conocimiento seguro. De este modo el problema de Dios es denunciado como irrelevante para la vida humana. Por lo tanto, la conclusión lógica y práctica que deduce el indiferentismo de este planteamiento gnoseológico y ontológico que hace de la cuestión de Dios es que la vida debe plantearse y desarrollarse como si este no existiera. Una vez más, Jean Améry es un buen ejemplo de lo que estamos comentando: «¿Deseo saber quién es Dios? —se pregunta el escritor austriaco—. Lo siento, pero no. En el fondo para mí eso no constituye un problema»[95]. Améry también representa las contradicciones propias del hecho de intentar prescindir del problema más esencial que afecta al ser humano del modo más radical y hasta lo más hondo de su ser. Pocas líneas antes de haber hecho la anterior afirmación, Améry realiza la siguiente confesión: «¿Quién es Dios?

---

94 Pascal, Blas: *Pensamientos*; Artículo XVI, parágrafo XVIII; Ediciones Orbis - Editorial Origen, Barcelona, 1982, p. 104.

95 Améry, J.: *Las provocaciones del ateísmo*; en H. J. Schultz: op. cit.; p. 209.

Eso es lo que yo quisiera saber desde hace mucho tiempo»[96]. Y en un auténtico ir y venir de indecisiones, pocas líneas después de la declaración de este deseo vuelve a manifestar su indiferentismo: «Personalmente no me he planteado el problema de Dios»[97]. ¡En fin…! ¿En qué quedamos?

96   *Ibidem*; p. 209.
97   *Ibidem*; p. 210.

XII

¿LE ES POSIBLE AL SER HUMANO LA INDIFERENCIA TOTAL FRENTE A LAS CUESTIONES TRASCENDENTES?

Llegados a este punto, cabe preguntarse si realmente es posible que un ser humano se pueda pasar la vida entera sin plantearse jamás ninguna de las cuestiones más trascendentes, aunque solo sea para rechazar una respuesta afirmativa.

Ya en el siglo XVII Blaise Pascal había reaccionado con energía frente al indiferentismo. El filósofo francés criticaba el hecho de que el indiferente estuviera preocupado exclusivamente por las cuestiones cotidianas de la vida y que no tuviera en cuenta el hecho objetivo e innegable de que tarde o temprano tenía que morir. «El último acto es sangriento por bella que sea la comedia en todos los demás. Se echa al fin tierra sobre la cabeza, y en paz»[98], decía Pascal. De este modo le resultaba injustificable que alguien pudiera considerarse exento de tener que reflexionar en torno a si el alma existe o no y si es inmortal o no: «Es indudable que el alma es mortal o inmortal. Esto debe establecer una diferencia completa en la moral; y, sin

---

98   Pascal, B: Op. cit.; artículo XVI, parágrafo LVI.

embargo, los filósofos han conducido la moral independiente-
mente de esto. (¡Qué extraña ceguera!)»[99].

Precisamente el primero de los artículos recogidos en su
obra *Pensamientos* se titula: «Contra la indiferencia de los
ateos», y en él Pascal denuncia como postura absurda e irracional el sostener que por no ser capaces de responder a las
cuestiones más fundamentales que afectan al ser humano de
un modo más esencial nos olvidemos de ellas y nos pasemos el
resto de la vida preocupados solamente de lo intramundano. El
texto es largo, pero merece la pena verlo con detalle: «Yo no sé
quién me ha traído al mundo, ni lo que es el mundo, ni lo que
soy yo mismo. Permanezco en una ignorancia terrible de todas
las cosas —empieza diciendo el filósofo racionalista francés—.
No sé lo que es mi cuerpo, ni mis sentidos, ni mi alma, ni esta
parte de mí mismo que piensa lo que estoy diciendo y que
reflexiona, sobre todo y sobre sí misma, y que, por otra parte,
no se conoce tampoco. Veo estos espantosos espacios del universo y me encuentro ligado a un rincón de esta vasta extensión
sin que sepa por qué estoy colocado en este lugar y no en otro,
ni por qué este poco tiempo me ha sido asignado a este punto,
y no a otro, de toda la eternidad que me precede y de toda la
que me sigue (...). Todo lo que sé es que pronto debo morir;
pero lo que más ignoro es esta muerte que no la puedo evitar.
Así como ignoro de dónde vengo, no sé a dónde voy; y tan solo
sé que, en saliendo de este mundo, he de caer para siempre, o
en la nada o en las manos de un Dios. He aquí mi estado lleno
de oscuridad. De lo que concluyo que debo pasar todos los días
de mi vida sin preocuparme de lo que me pueda acontecer. El
hecho de que se encuentren hombres tan indiferentes a la pérdida de su estado y al peligro de una eternidad de miserias no
es cosa natural. Bien diferentes son respecto a las demás cosas;
temen las más ligeras, las prevén, las sienten; y este mismo
hombre que pasa los días y las noches en la desesperación por

---

99 *Ibidem.*

78

la pérdida de su empleo, o por alguna ofensa imaginaria a su honor, es el mismo que sin inquietud y sin emoción sabe que va a perderlo todo a su muerte. Es una cosa monstruosa ver a un mismo corazón y, a un mismo tiempo, esta susceptibilidad ante las menores cosas y esta extraña imposibilidad ante las más grandes»[100]. Sin duda alguna, un texto rico y profundo que nos interpelará siempre.

Acabamos de ver cómo Pascal se asombra de que puedan existir hombres que frente a las preocupaciones «pequeñas» inviertan un esfuerzo y una pasión que agote en ellas todas sus energías y que, en cambio, frente a los grandes temas que afectan a un ser humano se muestren indiferentes. Este mismo hecho impresionó a Jaume Balmes. Cómo puede ser, se pregunta de forma retórica el filósofo catalán, que el hombre pueda permanecer indiferente ante el futuro eterno de su alma, ya que: «Cuando suene la última hora, será preciso morir, y encontrarme con la nada o con la eternidad. Este negocio es exclusivamente mío; tan mío como si yo existiera solo en el mundo: nadie morirá por mí; nadie se pondrá en mi lugar en la otra vida, privándome del bien o librándome del mal. Estas consideraciones me muestran con toda evidencia la alta importancia de la religión; la necesidad que tengo de saber lo que hay de verdad en ella; y que si digo: "sea lo que fuere de la religión, no quiero pensar en ella", hablo como el más insensato de los hombres. Un viajero encuentra en su camino un río caudaloso; le es preciso atravesarlo, ignora si hay algún peligro en este o aquel vado, y está oyendo que muchos que se hallan como él a la orilla, ponderan la profundidad del agua en determinados lugares y la imposibilidad de salvarse el temerario que a tantearlos se atreviese. El insensato dice: "qué me importan a mí

---

100 Pascal, B.: Op. cit.; artículo I; pp. 10-11.

esas cuestiones", y se arroja al río sin mirar por dónde. He aquí el indiferente en materias de religión»[101].

En consonancia con Pascal y Balmes se levanta la protesta de Harry Haller en contra de la superficialidad del modo de vida burgués, que ajeno a todo lo que de superior puede haber en la vida del hombre se muestra indiferente frente a lo trascendente: «Es difícil encontrar esa huella de Dios en medio de esta vida que llevamos, en medio de este siglo tan contentadizo, tan burgués. No puedo comprender qué clase de placer y de alegría buscan los hombres en los cafés repletos de gente oyendo una música fastidiosa y pesada; en los bares y varietés de las elegantes ciudades lujosas»[102].

¿Qué ha sucedido? Que el indiferente, partiendo de la realidad de que el hombre es un «ser-en-el-mundo», como diría el filósofo existencialista alemán Martin Heidegger, ha dado un salto ontológico injustificado y en la vida práctica concibe al hombre como un «ser-del-mundo-y-para-el-mundo». El indiferentismo religioso, al cerrarse de un modo práctico a toda trascendencia, hunde al hombre en la más pura inmanencia del ser. Pero lo más admirable de todo es que este salto ontológico, altamente complejo, es realizado sin ninguna justificación teórica explícita. En tal caso el indiferentismo se transformaría en ateísmo teórico positivo. Pero entonces el indiferentismo adoptaría una postura metafísica.

Nosotros somos del parecer de que el indiferentismo, para sostenerse, ha de basarse en la aceptación implícita de múltiples prejuicios. Entre ellos destaca: a) la aceptación de un criterio empirista de significado cognoscitivo. Por este motivo

---

101 Balmes, J.: *El Criterio*; Ed. Imprenta Barcelonesa, Barcelona, 1880, Cap. XXI, §. I, pp. 170-171. Para Balmes existen una serie de problemas esenciales que marcan profundamente el sentido de la vida humana, entre ellos está la existencia o no de Dios. Pues bien: «Viene el indiferente y dice: "todo esto no merece la pena de ser examinado, todos pierden lastimosamente el tiempo en cuestiones que nada importan"» (*Ibidem*, Cap. XXI, § II, p. 171).

102 Hesse, H.: Op. cit.; p. 35. Cf. también las pp. 38 y 150.

Camus afirma que: «Quiero librar a mi universo de fantasmas y poblarlo solamente de realidades carnales cuya presencia no pueda negar»[103]; b) el presuponer, aunque sea a nivel inconsciente, que el ateísmo teórico logró sus objetivos, demostrar racionalmente que Dios no existe objetivamente, algo que, en realidad, tal como podremos comprobar más adelante, y de un modo más detallado en una obra específicamente dedicada a este tema, no fue así; c) y si no se da el caso anterior entonces aceptar el agnosticismo como la doctrina gnoseológica correcta.

En su obra *¿Qué es ser agnóstico?*, Enrique Tierno Galván define el agnosticismo como el no echar de menos a Dios, lo que equivale a afirmar que: «Yo vivo perfectamente en la finitud y no necesito más»[104]. Lo finito es la realidad sensible. Hasta aquí correcto. Los reparos surgen cuando se pasa del terreno de las afirmaciones subjetivas («estoy perfectamente», «no necesito más», «no echo de menos») al de las afirmaciones objetivas con carácter ontológico: «Ajustarse a la finitud es

---

103 Camus, A.: *El Mito de Sísifo*; op. cit., p. 135. Esta afirmación de Camus no es incoherente con su tesis de que la existencia humana carece de sentido. El filósofo y escritor francés de origen argelino sostiene que: «En cierta medida, con muchas precauciones y teniendo en cuenta varios matices, se podría decir que algo insignificante no es forzosamente algo que no tiene *sentido*, sino algo que, por sí mismo, no tiene *significado* general. A la sociedad, a la religión, a la especie y a Dios mismo les tiene completamente sin cuidado que yo mueva el picaporte hacia la derecha o hacia la izquierda. Conclusión: mi acción será insignificante, salvo que para mí esta costumbre se vincule, por ejemplo, a una intención de ahorrar fuerzas, a un gusto por la eficacia que pueda reflejar cierta voluntad, un comportamiento vital, etc. En estos casos será para mí mucho más importante hacer girar el picaporte en cierta forma que casarme» (Camus, A.: *Carnets, 2*; op. cit.; p. 214) Dicho sea de paso; para Meursault, el protagonista de la novela más famosa de Camus, y con el que se identifica el autor, tampoco el matrimonio, por ejemplo, era una cosa importante: «María vino a buscarme por la tarde y me preguntó si quería casarme con ella. Dije que me era indiferente y que podríamos hacerlo si lo quería (...). Observó entonces que el matrimonio era una cosa grave. Respondí: "No"» (Camus, A.: *El extranjero*; Alianza Editorial, Madrid, 1980, p. 52).

104 Tierno Galván, E.: *¿Qué es ser agnóstico?*; Ed. Tecnos, Madrid, 1982, p. 15 y ss.

fácil intelectualmente para el agnóstico, puesto que lo finito es lo único que hay»[105]. Esta afirmación es de carácter metafísico y la veracidad de su contenido se ha de demostrar, cosa que el autor no hace en su obra.

Nuestro objetivo no es dialogar aquí con las tesis de Tierno Galván, sino detenernos momentáneamente en esa idea suya: «vivir perfectamente en la finitud». Aunque no fueron escritas en este sentido sí vienen al caso aquellas palabras, exageradas por su intensidad y universalidad, de Erich Fromm en las que se afirma que: «Ni el creer ni el no creer producen noches de insomnio ni interés serio alguno»[106]. Desde luego no se trata de la preocupación que tiene en la cabeza la gente durante la mayor parte del tiempo de su vida, pero se hace difícil de aceptar que nunca se planteen la cuestión de la trascendencia.

El caso de Simone de Beauvoir es un ejemplo de ateísmo fruto de un indiferentismo «sin noches de insomnio y perfectamente instalado en la finitud». En *Memorias de una joven formal* narra cómo dejó de creer en Dios a través del siguiente relato: «Hundí mis manos en la frescura de la enredadera, escuché el gluglú del agua y comprendí que nada me haría renunciar a las alegrías terrenales. "Ya no creo en Dios", me dije sin más gran asombro. No lo negué para liberarme de un inoportuno; por el contrario, advertí que ya no intervenía en mi vida y comprendí que había dejado de existir para mí»[107]. Más adelante añade al respecto: «Una noche intimé a Dios: si existía debía declararse. Se quedó quieto, y nunca más le dirigí la palabra». Extraña forma de fundamentar el ateísmo. Vendría

105 *Ibidem*, p. 51.

106 Fromm, E.: *Psicoanálisis de la sociedad contemporánea*; Fondo de Cultura Económica, México, 1971, p. 150.

107 De Beauvoir, S.: *Memorias de una joven formal*; Ed. Sudamericana, Buenos Aires, 1976, p. 149.

a ser como decir algo así: ¡Manifiéstate, Dios! ¡Te lo ordeno! ¿No te manifiestas? Luego no existes[108].

Su compañero Jean Paul Sartre presenta una argumentación similar cuando nos cuenta que: «Una mañana, en La Rochelle, esperaba a unos camaradas que me tenían que acompañar al colegio; tardaban, al poco rato no supe qué inventar para distraerme y decidí pensar en el Todopoderoso. Cayó rodando por el azul en el acto y desapareció sin darme explicaciones: "no existe", me dije con extrañeza cortés, y creí zanjado el asunto. En cierta forma lo estaba, ya que desde entonces nunca he tenido la menor tentación de resucitarlo»[109].

En relación al indiferentismo Kant es concluyente al declarar que: «Es inútil la pretensión de fingir indiferencia frente a investigaciones cuyo objeto no puede ser indiferente a la naturaleza humana»[110]. Esas cuestiones últimas que todo hombre ha de plantearse y resolver para que su vida tenga sentido son para Kant: Dios, la libertad y la inmortalidad tal como nos deja ver con claridad en el siguiente texto: «En conocimientos que traspasan el mundo de los sentidos y en los que la experiencia no puede proporcionar ni guía ni rectificación, la razón desarrolla aquellas investigaciones que, por su importancia, nosotros consideramos como más sobresalientes y de finalidad más relevante que todo cuanto puede aprender el entendimiento en el campo fenoménico. Estos inevitables problemas de la misma razón pura son: Dios, la libertad y la inmortalidad»[111].

Es comprensible, pues, que, pese al aumento inmenso que ha experimentado el indiferentismo religioso en Occidente durante los últimos quince años, actualmente se esté produciendo un retorno del sentido de lo sacro, tal como reconoció el propio papa Juan Pablo II al afirmar que: «Ante la actual evolu-

---

108 *Ibidem*; p. 292.

109 Sartre, J.P.: *Las palabras*; Alianza Editorial, Madrid, 1982, p. 167.

110 Kant, Immanuel: *Crítica de la razón pura,* op. cit.; A X.

111 *Ibidem*; Krv. B 6-7.

ción del mundo, son cada día más numerosos los que se plantean o los que acometen con nueva penetración las cuestiones más fundamentales: ¿Qué es el hombre? ¿Cuál es el sentido del dolor, del mal, de la muerte? ¿Qué habrá después de esta vida?»[112]. De igual modo, estamos de acuerdo con él cuando admite que actualmente: «Somos testigos de un significativo retorno a la metafísica (filosofía del ser) a través de una antropología integral. No se puede pensar adecuadamente sobre el hombre sin hacer referencia, constitutiva para él, a Dios»[113].

No es de extrañar este retorno de lo sacro pues, tal como dice sorprendentemente el famoso ateo francés Albert Camus: «Nada puede desalentar el ansia de divinidad que hay en el corazón del hombre»[114]. Unas palabras que cobran mayor vigor al proceder de la mano de uno de los ateos más famosos del siglo XX y que, precisamente por esto, nunca dejarán de asombrarnos.

112 Juan Pablo II: *Cruzando el umbral de la esperanza*; Ed. Plaza y Janés, Barcelona, 1994; p. 51.

113 *Ibidem*; p. 58.

114 Camus, A.: *El hombre rebelde*; Alianza Editorial, Madrid, 1986, p. 171.

XIII

EL OLVIDO DEL SER Y EL OLVIDO DE DIOS[115]

Heidegger denuncia el olvido del ser a partir de la confusión del ser con el ente (error que no se produce en la metafísica tomista del ser). Esto nos lleva a sostener que el indiferentismo teológico tiene una de sus raíces más profundas en el indiferentismo ontológico. Es decir, la indiferencia por el ser lleva a la indiferencia por Dios, porque cuando se pierde de vista la riqueza ontológica del ser, se pierde la noción de una fundamentación trascendente del orden ontológico y del orden axiológico. La realidad fáctica y el orden moral quedan huérfanos de fundamento último y absoluto. La pérdida del concepto de ser en el pensamiento metafísico moderno, entendido el ser como el fundamento del ente, ha llevado a la pérdida de Dios en el orden personal y a su desaparición en el orden social.

En este nuevo contexto, el camino queda libre para que el hombre se erija en un auténtico *homo mensura*. Nace así, en el terreno axiológico, el verdadero hombre *autónomo* en el sen-

---

115 De capital importancia para este tema es el trabajo póstumo de Carlos Cardona titulado *Olvido y memoria del ser*; Eunsa, Pamplona, 1997.

tido etimológico del término. El pensamiento moderno, en su culminación lógica, le ofrece al hombre un pacto mefistofélico: «Renuncia a la trascendencia y serás el Prometeo axiológico».

Nuestro tiempo ha aceptado este pacto y se ha convertido, así, en una época *fáustica*. Goethe lo vio con agudeza y lo plasmó en estas palabras: «De pronto lo he entendido y pongo: "En el principio existía la acción"»[116]. A nivel general puede afirmarse que se valora más la acción que la contemplación del ser. Y esto es algo muy importante a la hora de comprender las raíces del ateísmo contemporáneo, ya que si no se capta la jerarquía onto-lógica del ser, difícilmente podrá percibirse la necesidad de la existencia de su jerarca. Anclado en la inmanencia del ente el indiferente acaba por olvidar la trascendencia del ser; y por ello desaparece del horizonte el Ser absolutamente trascendente.

Compartimos plenamente el juicio de Kant, expuesto unas páginas más arriba, cuando dice que es inútil la pretensión de fingir indiferencia frente a cuestiones que no pueden resul-tar indiferentes a la naturaleza humana. Por esto sostenemos que una indiferencia absoluta y permanente a lo largo de toda una vida es algo imposible. Esto nos lleva a mantener que se puede encontrar un buen punto de partida en el diálogo con el indiferentismo si se reflexiona en torno a los temas claves que afectan al ser humano; cuestiones tales como: el sentido de la vida[117], el sentido de la muerte[118], el recurrente problema del mal (especialmente el sufrimiento de los justos, una cuestión

---

116 Goethe, J. W.: *Fausto*; Primera parte; Cuarto de estudio. Es bien evidente que esta frase hace referencia al primer versículo del Evangelio de San Juan, en donde se dice que al principio era el Verbo, Jesucristo. Aquí la Palabra se sus-tituye por la acción, algo que encandilará a Marx. Basta ya de contemplar la Naturaleza, dice Marx en su undécima tesis sobre Feuerbach, ahora toca trans-formarla; o lo que es lo mismo, la filosofía teórica ha de dar paso a la filosofía práctica: a la revolución.

117 En este punto ha insistido mucho Víctor E. Frankl; especialmente en sus obras: *El hombre en busca de sentido* y *Ante el vacío existencial*.

118 En este tema destaca la obra de Jorge V. Arregui: *El horror de morir. El valor de la muerte en la vida humana*.

que trataremos de un modo específico más adelante), el bien y la felicidad, el fundamento del orden moral, la libertad (tema que también analizaremos con detalle), la inmortalidad y otras cuestiones análogas.

Todos estos asuntos son de indudable interés para todo ser humano y es incuestionable que si se abordan con seriedad y a fondo es imposible no hablar de Dios. Así pues, la reflexión y el diálogo en torno a estos temas pueden ser un excelente punto de arranque para iniciar el lento camino que ha de llevar a la superación del indiferentismo. Es por esto que la pérdida de la noción metafísica de ser (no en un sentido existencial, ni tampoco copulativo), y la consiguiente pérdida de Dios (que es el Ser absoluto), nos lleva a preguntarnos si tiene sentido hoy plantearse la cuestión de la existencia de Dios.

XIV

LA IMPORTANCIA DEL PROBLEMA DE DIOS

Por mucho que, amparándose en la teoría científica de la evolución biológica de los seres vivos, se quiera reducir la antropología a la biología, negando cualquier dimensión metafísica en el ser humano, lo cierto es que cada uno de nosotros somos un auténtico enigma. Efectivamente, ningún otro ser viviente de la Naturaleza, al menos que sepamos, se pregunta por el sentido de su vida, por el sentido del dolor, por qué existe el mal moral o cuál es la razón de ser del sufrimiento injusto del inocente; y, sobre todo, cómo es posible que Dios pueda permitir esto. Ningún ser de la Naturaleza, excepto nosotros, se interroga acerca del destino que nos espera tras la muerte. Aunque es cierto que estas cuestiones no son las que tenemos en la cabeza la mayor parte del tiempo durante el día a día, también lo es que en un momento u otro de la vida nos las acabamos planteando.

Creemos que no es exagerado afirmar que somos un misterio para nosotros mismos. Somos unos vivientes capaces de interrogarnos por todo lo que nos rodea, pero también nos preguntamos por nuestro propio ser y por el lugar exacto que ocupamos en la naturaleza y en la realidad.

El filósofo alemán Martin Heidegger ha logrado plasmar, con su habitual genialidad, la situación actual acerca del conocimiento sobre el hombre al recordarnos que: «En ninguna época se ha sabido tanto y tan diverso con respecto al hombre como en la nuestra. En ninguna época se expone el conocimiento acerca del hombre en forma más penetrante y fascinante que en esta. Ninguna época, hasta la fecha, ha sido capaz de hacer accesible este saber con la rapidez y facilidad que la nuestra. Y, sin embargo, en ninguna época ha sido el hombre tan problemático como en la actual»[119]. No es de extrañar, pues, que este gran metafísico alemán del siglo XX dijera que: «Somos como apátridas en la patria más propia»[120].

Las palabras de Heidegger no están exentas de razón. Cada día sabemos más acerca del mundo que nos rodea, incluso del propio universo, tal como evidencian los progresos en cosmología y Física cuántica. Cada día sabemos más sobre nuestro cerebro, un buen ejemplo de ello es el espectacular desarrollo que está teniendo la neurociencia, y sobre nuestro organismo en general (la genómica, la biología molecular y la embriología serían buenas muestras de ello). Y qué decir sobre los nuevos conocimientos acerca de nuestro psiquismo.

Cada día las revoluciones tecnológicas se suceden en un lapso de tiempo más corto, y cada día el conocimiento se transmite con mayor rapidez. Con esto último no nos referimos solamente a la obviedad de que un suceso en cualquier parte del mundo es conocido casi inmediatamente en el resto del planeta gracias a las autopistas de la información y las redes sociales, sino que la socialización del conocimiento es cada día

---

119 Heidegger, Martin: *Kant y el problema de la metafísica*; Ed. FCE, México, 1986, p. 177.

120 Heidegger, M.: *Conceptos fundamentales*; Alianza Editorial, Madrid, 1989, p. 130.

más intensa y más extensa, pese a que todavía hay áreas del planeta en donde la población no tiene un acceso masivo a las nuevas tecnologías, pero esto es algo meramente coyuntural que la globalización va eliminando poco a poco.

En efecto, hoy sabemos mucho acerca del ente, es decir: de todo lo que configura el mundo que nos rodea —incluso del hombre como ente, o sea: de nosotros como objeto de estudio de la ciencia o la filosofía—, pero es fácil constatar la ignorancia que hay en torno a la dimensión ontológica del hombre. Dicho de otro modo, en general cuesta comprender perfectamente qué es lo que realmente somos. Parece como si la eclosión de conocimientos a la que estamos asistiendo contribuyera a desdibujar y difuminar la auténtica imagen del hombre diluyéndolo en un mero fenómeno, un simple ente natural como cualquier otro; peculiar, pero esencialmente indistinto.

Otro filósofo alemán, Friedrich Wilhelm Nietzsche, hace una reflexión análoga a la de Heidegger en el prólogo que escribió en 1887 a su obra titulada *Genealogía de la Moral*. En efecto, las primeras palabras de este prefacio rezan así: «Nosotros los que conocemos somos desconocidos para nosotros, nosotros mismos somos desconocidos para nosotros mismos»[121]. Aunque breves, pero intensas y sugerentes, estas palabras nos invitan a la reflexión.

De todo lo dicho queda bien claro que la pregunta por la esencia del hombre se nos revela como uno de los interrogantes más significativos que puede plantearse el ser humano. No sirve cualquier respuesta. La contestación que se dé a este interrogante será, sin lugar a duda, una cuestión que tendrá gran importancia para nuestras vidas. Es imposible sostener que la respuesta que se dé a este tema pueda ser algo que nos deje indiferentes. En efecto, no tiene las mismas implicaciones antropológicas sostener que el hombre es *un mono con suerte*,

---

121 Nietzsche, Wilhelm Friedrich: *La genealogía de la moral*; Alianza Editorial, Madrid, 1987, p. 17.

que afirmar que se trata de un *ser creado a imagen y semejanza de Dios*. Es decir, no es lo mismo mantener que todo lo que hay en el hombre es fruto de la mera evolución biológica producida al azar, que sostener que se trata de un ser expresamente querido por Dios y que cuenta con unas dimensiones espirituales que trascienden la materia. Dicho con otras palabras, no es lo mismo afirmar que el hombre es un producto totalmente procedente de la mera evolución biológica (es decir, que su origen es pura y simplemente material), que afirmar que Dios ha creado su alma en virtud de un acto de amor libérrimo y la ha unido a un cuerpo gobernado por las leyes de la biología; unas leyes que, por cierto, son en última instancia creación del propio Dios.

Ahora bien, ¿esta dicotomía es la única forma posible de plantear el interrogante acerca de la esencia del hombre? ¿Por qué se ha de plantear la cuestión de modo que estemos obligados a tener que elegir entre la evolución biológica y la creación divina? ¿Por qué no pueden ser compatibles ambas nociones? Tal afinidad significaría que las creencias religiosas, por lo que al origen del hombre se refiere (antropogénesis), se pueden avenir perfectamente con la teoría científica de la evolución biológica de los organismos.

Es evidente que las consecuencias antropológicas, éticas, sociales y políticas que se desprenden de una u otra circunstancia resultan ser totalmente diferentes. Ya que no tiene las mismas implicaciones sostener que el hombre es el producto de la evolución material desarrollada puramente al azar, que descubrir que somos el fruto de la voluntad de un Dios personal, creador y providente. La cosa cambia mucho.

La reflexión anterior nos lleva a otra cuestión: es un error afirmar que la organización de la vida humana debe llevarse a cabo prescindiendo de la existencia de Dios. ¿Por qué es errónea esta postura? La respuesta es muy simple, porque el destino del hombre no es el mismo si Dios existe que si no existe.

Si Dios no existe y el hombre es un ente puramente material cuyo ser desaparece totalmente con su muerte, la existencia humana deberá tener un sentido y, por ende, una organización totalmente distinta a la que debería tener en el caso de que Dios existiese y hubiera creado al hombre con el fin de que este pueda gozar eternamente de la felicidad plena, fruto de la contemplación del Ser de Dios.

John C. Murray ha sabido señalar con notoria agudeza la gravedad de este error al destacar con gran acierto que: «El problema de Dios es un caso único que nadie puede decir de él "no es mi problema". Si no existe Dios, no le está permitido a nadie decir o incluso pensar que existe, pues sería un monstruoso engaño para él mismo y los demás. Sería estimular y propagar una ilusión perniciosa cuyo resultado sería por fuerza la destrucción del hombre. Por otra parte, si Dios existe, hay también una cosa que no se permite. No se permite que ningún hombre lo ignore, pues esa ignorancia sería también la destrucción del hombre. Así pues, en ambos casos ningún hombre puede decir que el problema de Dios no es su problema».[122]

Creemos que Murray tiene razón al hacer estas afirmaciones ya que nos parece que plantea el problema en los términos adecuados; puesto que, tanto en el caso de que Dios exista realmente como en el de que no exista en verdad, resulta que hay que investigar para averiguar cuál de las dos posturas es la acertada. Por lo que la teología natural, el estudio racional de Dios, es un ámbito del conocimiento humano que tiene pleno sentido.

Fiódor Mijáilovich Dostoievski, el famoso escritor ruso, estaría de acuerdo con esta tesis. En efecto, en la primera parte de su célebre obra *Los hermanos Karamazov*, el personaje Fiódor Pávlovich le pregunta a Aliosha y a Iván Karamazov si Dios existe, Aliosha afirma rotundamente que sí e Iván, con la misma firmeza, lo niega. Pávlovich, tras inclinarse por la tesis

---

122 Murray, John C.: *El problema de Dios*; Ed. Nova Terra, Barcelona, 1967, p. 12.

de Iván, se lamenta de que el hombre haya malgastado tanto tiempo y tantas energías en pos de la fe y de Dios. Sus palabras son duras, como lo es también su maldición para con el primero que inventó esa *ilusión* llamada Dios[123].

Para Dostoievski la vida no podía ser igual si Dios existía o si no existía. ¿Tiene fundamento la opinión del escritor ruso? Supongamos por un momento que Dios no existe realmente, que solo es el fruto de nuestro pensamiento, ¿qué pasaría entonces? En este caso el hombre debería ocupar inmediatamente el lugar dejado por Dios. Tal es la opinión del filósofo alemán Ludwig Feuerbach, quien, en su libro titulado *La esencia del cristianismo*, opinaba que no era Dios quien había creado al hombre, sino que era el hombre quien había creado a Dios, proyectando en Él las cualidades humanas más excelsas y concibiéndolas en un grado sumo, por lo que la teología en realidad era antropología. Esta cuestión la recoge Dostoievski en la obra citada y la expresa de forma literaria con las siguientes palabras: «A mí Dios me atormenta —le confiesa Mitia Karamazov a su hermano Aliosha—. Eso es lo único que me atormenta. ¿Y si resulta que no existe? ¿Y si Ratikin tiene razón y se trata de una idea artificial en la humanidad? En este caso, si Dios no existe, el hombre es el señor de la tierra, del universo. ¡Magnífico!»[124]. Además de la divinización del hombre, Dostoievski considera que la carencia de fundamento para la moral sería otra consecuencia de la inexistencia de Dios; por eso se pregunta: «¿Cómo sería virtuoso sin Dios? ¡Esa es la gran cuestión!»[125].

---

123 «Lo más probable es que tenga razón Iván. Señor, ¡y pensar cuánto ha dado el hombre a la fe, cuántas fuerzas de toda clase se han consagrado inútilmente a este sueño durante tantos miles de años! ¿Quién se ríe del hombre de este modo? ¿Eh, Iván?... Es una pena. ¡Lo que haría yo después de esto, con el que inventó a Dios por primera vez! ¡Colgarlo de un triste álamo sería poco!» (Dostoievski, Fiodor M.: *Los hermanos Karamazov*; Ediciones Cátedra, Madrid, 1987, p. 250. I Parte, libro tercero, VIII, *Ante la copa de coñac*).

124 *Ibidem*; p. 866. IV Parte, Libro décimo, IV, *El himno y el secreto*.

125 *Ibidem*.

Cornelio Fabro ha insistido en la importancia que tiene para la humanidad el problema de Dios, ya que compromete al ser de la persona en su totalidad. El filósofo y teólogo italiano nos recuerda con acierto que: «Es necesario convenir en que frente al problema de Dios el hombre encuentra empeñado todo el propio ser en un conjunto de relaciones mutuas donde el ser mismo del hombre y del mundo se configura diversamente conforme a la respuesta que el hombre está en condiciones de dar al problema de Dios: el individuo, la familia, la sociedad, el Estado. [Dichas respuestas] cambian completamente de signo en la propia estructura una vez que se admita o, al contrario, se niegue la existencia de Dios»[126]. Creemos que, con estas palabras, Fabro encuadra perfectamente la cuestión. En efecto, la vida humana personal, familiar y social no debe ser enfocada de la misma manera si Dios existe que si no existe.

No es exagerado afirmar que el problema de Dios es *radical* ya que es inevitable, universal y perenne. Por esto coincidimos con Fabro cuando dice que: «Al hombre, sea joven, adolescente, maduro o viejo, sea primitivo o evolucionado, dedicado a la actividad práctica o a la investigación científica, sea un artista, hombre de cultura o provisto de rigurosa mentalidad filosófica (...), el problema de Dios, digo, le sigue y le alcanza por doquier con su requerimiento. Sea cual fuere la categoría o clase social a la que pertenezca el hombre y cualquiera que sea su grado de cultura, el problema de Dios le es inevitable, y su urgencia no cambia con el cambiar de los siglos y de los acontecimientos»[127].

Terry Miethe también ha destacado la importancia de este tema al afirmar que: «¡Ninguna cuestión es de mayor importancia para la vida cotidiana que la pregunta sobre la existencia de Dios! La cuestión sobre la existencia o inexistencia de Dios es la más importante de la historia de la filosofía, como se suele

---

126 Fabro, Cornelio: *El problema de Dios*; Ed. Herder, Barcelona, 1963, p. 7.
127 *Ibidem*; p. 14.

admitir generalmente. La existencia de Dios es una de esas cuestiones de importancia imperecedera para el ser humano. Ni puede ni debe ser ignorada práctica o teóricamente»[128].

Durante buena parte de su vida el pensador Antony Flew se declaró abiertamente ateo; no obstante, tal como afirma Terry Miethe, reconocía que: «La cuestión sobre si Dios existe y, en ese caso, cómo "conocerlo" ha inquietado a los filósofos durante más de dos milenios. Ninguna otra pregunta tiene mayor alcance ni teórica ni prácticamente. Ninguna cuestión puede ser tan vital para la vida cotidiana como la cuestión de la existencia de Dios. En esto, el profesor Antony G. N. Flew y yo coincidimos plenamente. Parece existir un acuerdo mayoritario dentro de la historia del pensamiento sobre el hecho de que la pregunta "¿Existe Dios?" es la más importante que podemos plantearnos. Todos coinciden en la pregunta, obviamente no en la respuesta»[129].

El teólogo alemán Hans Küng insiste en esta misma idea cuando nos dice que: «¿Existe Dios? Si en algo están de acuerdo Antony Flew y Terry Miethe es en la importancia imperecedera de esta pregunta. Se trata del interrogante de mayor trascendencia que podemos plantearnos nosotros, seres indagadores por naturaleza»[130].

---

128 Miethe, Terry y Flew, Antony: *¿Existe Dios?*; Ed. Cátedra, Madrid, 1994, pp. 52-53.

129 *Ibidem*; p. 15.

130 *Ibidem*; p. 11.

XV

LA EXISTENCIA DE DIOS:

EL *PROBLEMA ESENCIAL* DEL *HOMBRE ESENCIAL*

Con gran acierto, Fabro ha calificado el *problema teológico*, lo que nosotros llamamos el *problema de Dios*, como «el problema esencial del hombre esencial»[131]. El problema de Dios es una realidad que afecta a todo hombre, sin excepción; es un problema *universal*, pues incumbe al hombre de cualquier época y de cualquier lugar geográfico, y tal como dice Cornelio Fabro: «Al hombre (...), el problema de Dios le persigue y penetra con su "interrogante". Para el hombre, sea cual fuere la categoría o clase social a que pertenezca y su grado de cultura, el problema de Dios es inevitable y su urgencia no cambia con el devenir de los siglos y acontecimientos»[132].

La conclusión que se extrae de todo lo dicho en el epígrafe anterior es que el *problema de Dios* es el problema fundamental del ser humano. Por esto afirma Drinkwater que: «Si Dios

---

131 Fabro, Cornelio: *Drama del hombre y misterio de Dios*; Ed. Rialp, Madrid, 1977, p. 20. Cf. también: *El problema de Dios*, op. cit., pp. 18-19.

132 Fabro, C.: *Drama del hombre y misterio de* Dios; op. cit., p. 12.

existe, es evidente que todos necesitan saber algo de Él»[133]. Y esto resulta ser así «porque el problema de Dios, en su más profundo significado, coincide con el de la consistencia de nuestro ser»[134].

En efecto, el *problema de Dios* afecta al hombre de la forma más radical que pueda imaginarse. El sentido de su existencia queda absolutamente determinado por dicho problema. Coincidimos, pues, con las palabras de Murray, expuestas en el capítulo anterior, al afirmar que el significado de la existencia humana no puede ser el mismo en el caso de que exista Dios que en el de la hipótesis contraria. El origen de nuestro ser, el sentido de nuestra vida y nuestro destino escatológico quedan totalmente marcados por la existencia o inexistencia real de Dios, por esto puede afirmarse que: «El problema de Dios es el *problema esencial del hombre esencial* del que recibe su dilucidación última todo otro problema de la existencia (ética, derecho, economía...)»[135]. Así pues, no resulta exagerado reconocer con Fabro que al problema de la existencia de Dios se le puede calificar como «el problema de los problemas»[136].

¡El *problema* de Dios! El filósofo francés Gabriel Marcel no estaría conforme con esta denominación. En efecto, Marcel gusta de distinguir entre las nociones de «problema» y «misterio». Para el filósofo francés, un «problema» es algo que se objetiva frente a mí, está *ante mí*, y precisamente por ello no afecta a mi vida de un modo radical y profundo. El «misterio», en cambio, es algo que me envuelve, implicando a mi vida de un modo esencial, es algo que está *en mí*[137]. Precisamente por esto, Marcel considera que la existencia de Dios es una cues-

---

133 Drinkwater, F.H.: *El problema de la existencia de* Dios; op. cit.; p. 39.

134 C. Fabro: *Drama del hombre y misterio de* Dios; op. cit., pp. 32-33.

135 *Ibidem*; p. 213.

136 *Ibidem*; p. 211.

137 19 Marcel, Gabriel: *El misterio del ser*; Ed. Edhasa, Barcelona, 1971. Cf., también, Blázquez Carmona, Feliciano: *Gabriel Marcel*; ed. Epesa, Madrid, 1970, pp. 111-116.

tión *misteriosa* y no *problemática*. En cualquier caso, hechas todas las precisiones que se quieran hacer y resaltados todos los matices que se quieran destacar, ya sea tratada como un problema o como un misterio, Marcel reconoce que: «La cuestión fundamental es siempre la de la existencia de Dios»[138].

Así, pues, en función de todo lo visto hasta ahora, puede afirmarse que la cuestión de la existencia o inexistencia de Dios es la más importante que puede plantearse una persona a lo largo de su vida. No obstante, a pesar de esto, son cada vez más los seres humanos que viven en lo que podríamos denominar la *ausencia de Dios*. El crecimiento tan espectacular que han registrado en la sociedad occidental durante el siglo XX el indiferentismo religioso, el agnosticismo y el ateísmo práctico de toda índole, arroja como balance una realidad innegable: para millones y millones de personas Dios ha dejado de convertirse en un «problema», pues orientan sus vidas prescindiendo de cualquier referencia significativa a Él. En estas circunstancias podría afirmarse que la cultura occidental ha caído en lo que podemos denominar, parafraseando a Heidegger, el «olvido de Dios». Hemos tocado este tema antes y volveremos a él más tarde.

---

138 Marcel, G.: op. cit., p. 298.

XVI

El ser

El filósofo alemán Martin Heidegger ha sostenido (con gran tino, aunque con algunos matices) que la historia de la Metafísica occidental es la historia del «olvido del ser». En efecto, desde que la humanidad iniciara con Parménides su andar por las sendas que marcan la reflexión en torno al ser, hemos asistido a dos mil quinientos años de especulación metafísica en donde han sido escasas las ocasiones en las que la reflexión humana ha podido plasmar con nitidez lo que es el ser. Pocos han sido los grandes filósofos que han reflexionado explícitamente en torno al ser y han sabido analizarlo en toda su pureza y riqueza. Lo corriente, lo habitual en este itinerario del pensamiento humano, ha sido reducir el ser a la existencia; o, si no, primar la esencia sobre el ser concibiendo aquella como la realidad fundamental.

Ahora bien, antes de seguir debemos explicar, si bien muy brevemente, las distintas concepciones que se han tenido de lo que es el ser, pues se trata de una cuestión muy importante a la hora de ver cuál ha sido el origen del ateísmo teórico en el pensamiento occidental, pues no hemos de olvidar que Dios se define a sí mismo diciendo que: «Yo soy el que soy»[139].

---

139 Éxodo 3:14.

El filósofo y teólogo medieval Santo Tomás de Aquino concibió al *ser* como el fundamento último de la realidad, al mismo tiempo que lo consideraba la realidad más rica que pueda existir. Lo que le llevó a considerar a Dios como el Mismo Ser Subsistente (*Ipsum esse subsistens*), de tal manera que todas las demás cosas son en la medida en que participan del ser divino. La creación consistiría, pues, en que Dios comunicaría, de forma limitada, su ser a las criaturas. De este modo, se puede afirmar que Dios *es* y las criaturas son en la medida en que participan del ser de Dios; de forma que cada una participa según diferentes modos, pero todas ellas lo hacen de una manera limitada. En otras palabras: Dios es el *ser*, mientras que todo lo demás lo que hace es *participar* de su ser, siempre limitadamente.

Ahora bien, hay que recalcar que esta caracterización del ser no debe confundirse con una postura panteísta, pues no se afirma que Dios se fraccione estando parcialmente presente en cada cosa, sino que cada ente participa del ser de Dios según cierto modo que viene limitado por su esencia. Para explicar esto de un modo sencillo podríamos decir que la forma en la que participan los entes del ser de Dios no es como cuando una persona participa de un décimo de lotería o unos niños de una porción de pastel de cumpleaños. En efecto, cuanto mayor sea el número de participaciones en las que se fracciona un décimo de lotería, menor es la cuantía que obtiene una persona en caso de que sea premiado su boleto. Y lo mismo sucede con las porciones de un pastel: cuantas más haya, más pequeñas serán; es decir: cuanta más gente participe de la tarta menos tocará a cada uno.

La participación de los entes en el ser de Dios no tiene nada que ver con la forma de participar descrita en los dos ejemplos anteriores. En efecto; en el caso de Dios el hecho de que el número de entes que participan de su ser aumente, no hace que su ser disminuya en nada. Al igual que cuanta más gente se alegre por un acontecimiento positivo en la vida de un ser querido, la felicidad de este no sufre detrimento alguno en lo más mínimo; al contrario, lo más probable es que se sienta aún más feliz al verse rodeado de tanta gente que le quiere de un modo sincero (este segundo aspecto del ejemplo no es aplicable a Dios, pues Él no puede aumentar en nada, ya que no es perfectible ni mejorable).

Fuera del tomismo, e incluso dentro de él, muchos pensadores han confundido el ser con la existencia. Para ellos ser es sinónimo de existir, y no-ser lo es de no existir. Para Santo Tomás, en cambio, la existencia es una consecuencia, un efecto, del ser, no el propio ser. Solo Dios es el mismo ser.

Todo esto al lector le pueden parecer disquisiciones propias de los metafísicos, reflexiones demasiado abstractas que poco tienen que ver con la realidad. Pero lo cierto es que se trata de cuestiones muy importantes a la hora de entender el origen del ateísmo teórico en la cultura occidental, y por ello nos ha resultado inevitable traerlas a colación. Pues una errónea concepción de lo que es el *ser* es lo que llevó a la filosofía, y a una buena parte del pensamiento occidental en general, a tener un concepto equivocado de lo que es verdaderamente Dios. Tal como tendremos ocasión de ver a continuación, el Dios que atacaron y rechazaron los filósofos ateos más importantes de los siglos XIX y XX fue la errónea caracterización de Dios hecha por Spinoza, Kant y especialmente Hegel, a partir de un concepto muy peculiar de lo que es el *ser*.

XVII

Dios es la nada

En el pensamiento metafísico del racionalismo moderno se concibió a la substancia como aquello que es en sí y por sí. En Espinoza, esto llevará al panteísmo, ya que solo puede existir una única substancia que cumpla estas características, y no es otra que Dios. De modo que para el filósofo judío holandés, todo es Dios (panteísmo).

En el Idealismo Trascendental kantiano, y luego en el Idealismo Absoluto hegeliano, los conceptos se elaboran por abstracción total, es decir, comparando individuos para quedarse con las notas comunes y desestimar las diferenciales. Si el concepto de ser es el más común a todo lo existente (en efecto, todo lo que existe únicamente coincide en que es), entonces el concepto de ser será el más general de todos los conceptos y, por ello, el más vacío de todo. Por esto mismo, si Dios es el *ser*, entonces Dios será la realidad más vacía de todas; o sea, la nada. Si el ser es concebido como lo más común a todo ente, deberá ser caracterizado como lo más indeterminado, ya que cualquier determinación le especificaría. Al ser entendido el ser como la realidad más genérica, resultará inevitable su identificación con la nada. Siendo lo más común a todo ente, el ser será la indeterminación radical. Pero... ¿cómo se pudo llegar a decir que Dios es la nada? Veamos esta cuestión, aunque sea someramente, y que fue uno de los pilares del ateísmo moderno.

Los conceptos nos permiten tener conocimiento intelectual de las realidades que caen bajo su comprensión. Así, sabemos qué es un mamífero porque tenemos el concepto de mamífero, e ignoraremos qué son los peroxisomas[140] si carecemos de su concepto hasta que lo adquiramos gracias a las explicaciones de alguien o la lectura en algún escrito técnico.

¿Cómo se elaboran los conceptos mediante la abstracción total? De entre una mezcolanza de entes (mesas, sillas, lámparas, árboles, peces, balones, coches, rocas, etc.) se separan aquellos respecto a los cuales queremos elaborar el concepto (tomemos las sillas, por ejemplo). Una vez tenemos este subgrupo, comparamos a los individuos entre sí y nos quedamos con las características que tienen en común (asiento con respaldo, con varias patas, y en el que solo cabe una persona), dejando de banda las notas individuantes. O sea, nos quedamos con el conjunto de características imprescindibles para que un objeto sea una silla; este conjunto formará las notas esenciales que configuran el concepto, las otras determinaciones no son esenciales (ser de madera o de plástico, de color marrón o azul, tener tres patas o cuatro, etc.) y, por consiguiente, no pertenecen al concepto, sino que son características accidentales. Esta forma de proceder va muy bien en biología para poder hacer las clasificaciones taxonómicas, pero, en realidad, no es así como se elaboran los conceptos fundamentalmente.

Sin embargo, si esta fuera la forma básica de elaborar los conceptos, cabría preguntarse, siguiendo con el ejemplo pro-

---

140 En biología se trata de vesículas con un diámetro entre 0,1 y 0,5 micrómetros (μm), procedentes del retículo endoplasmático y contienen enzimas oxidativos; se cree que aparecieron en la célula antes que las mitocondrias y su función inicial sería permitir la vida en una atmósfera cada vez más rica en oxígeno, elemento tóxico para los organismos anaeróbicos iniciales, haciéndolos reaccionar con el oxígeno de manera controlada.

puesto, ¿cómo puede ser posible que únicamente separe las sillas de los demás entes para elaborar el concepto de silla, si todavía no sé lo que es una silla? Es evidente que, antes de poder separar individuos para agruparlos por conjuntos homogéneos, debo tener el concepto para así poder comparar entre los que me interesa encontrar las notas comunes. Por eso, antes de poder elaborar conceptos por abstracción total, algo que va muy bien para poder establecer clasificaciones, debo haber elaborado mediante el proceso denominado abstracción formal el concepto de los individuos que quiero comparar y posteriormente enriqueceré el concepto elaborado por abstracción formal mediante la abstracción total. Es decir: se trata de captar mentalmente las características esenciales de un único sujeto para así poder identificar a otros como específicamente idénticos y luego poder compararlos.

Así pues, antes de elaborar conceptos por abstracción total, un proceso que se hace vaciando las nociones de contenido para quedarnos con las características más básicas a fin de poder obtener conceptos más genéricos, nuestra mente concibe los conceptos por abstracción formal a partir de un solo individuo. Por esto no es necesario que el concepto que hace referencia a la realidad más fundamental de todas, la que está más relacionada con todo, Dios, tenga que ser la más vacía de todo contenido, la más pobre, la nada.

Este error, de creer que todos los conceptos que se elaboran en la mente humana proceden de la abstracción total, está presente en varios pensadores cuyas aportaciones han sido decisivas a la hora de cimentar los fundamentos teóricos del ateísmo actual. Pensadores tales como Immanuel Kant o Hegel tenían esta idea, duramente criticada por Nietzsche o Sartre.

Veamos, en primer lugar, el ejemplo de Kant. Según este autor: «La intuición es el modo por medio del cual el conocimiento se refiere inmediatamente a objetos»[141]. Ahora bien,

---

141 Krv.; B 33.

para Kant, a diferencia de Platón o Descartes, la intuición humana solo puede ser empírica, jamás intelectual. Además, y esto es lo más importante para nuestro actual análisis, Kant considera que la intuición es aquella forma de conocimiento que nos pone en contacto con un único objeto, de aquí la definición que da Kant de intuición; para él esta es «la representación que solo puede darse a través de un objeto único»[142]. Por esto afirma Kant que «espacio» y «tiempo» no son conceptos, es decir: representaciones únicas válidas para una multitud de individuos, sino que son *formas* «únicas», que de un modo enteramente *a priori* conformarán la experiencia humana interna y externa.

Para Kant el espacio y el tiempo son intuiciones y no conceptos porque se trata de realidades únicas, es decir: no existen dos tipos de espacios, por ejemplo, por ello no podemos compararlos *abstrayendo* las notas comunes, las notas que afectan a la *totalidad* de los individuos que caen bajo la extensión del concepto, marginando las notas individuantes. Esto implica que para Kant los conceptos se elaboran por medio de la denominada «abstracción total».

Ahora bien, hoy sabemos que la geometría euclidea no es la única geometría lógicamente posible. En efecto, a la geometría de Euclides hay que sumarle las de Lobachevski y la de Riemman. Tenemos, pues, tres nociones distintas de «espacio», de modo que, desde el interior de la propia lógica kantiana, podemos afirmar que la noción de «espacio» es un concepto y no una intuición pura o una forma *a priori* de la sensibilidad humana. De este modo se derrumba todo el edificio de la *Crítica de la razón pura*, incluyendo su principal conclusión: la imposibilidad de afirmar la validez objetiva del conocimiento metafísico. La Metafísica, según Kant, no podría demostrar racionalmente la existencia de entidades ultraempíricas, precisamente por estar más allá de la experiencia sensorial —esta sería la conclusión negativa de

---

142 Krv.; A 32.

la *Crítica*—, pero tampoco podría demostrar su no existencia —aquí tendríamos la conclusión positiva—. Así pues, desde el punto de vista teorético o especulativo, es decir, científico, la única postura metafísica cabal sería el agnosticismo. Un análisis detallado de los fundamentos filosóficos del agnosticismo kantiano lo realizaremos en otro libro.

Hegel es otro de los grandes filósofos que ha considerado que los conceptos se elaboran por abstracción total. En efecto, para este intelectual, los *conceptos* más genéricos del pensamiento humano son los conceptos de *ser* y de *no ser*. Pero, además, ambos serían también las *realidades* más genéricas. En efecto, el ser y la nada serían las nociones más generales por ser las que abarcarían a todos los entes. Toda la realidad, sin excepción alguna, estaría afectada por el ser y la nada. Según Hegel, todo ente es real porque de algún modo es, de manera que se puede afirmar con rotundidad que el ser abarca a la totalidad de la realidad y por ello es el concepto más genérico de todos. Dicho de otro modo: ¿qué es aquello único en lo que coinciden todos los entes? En que *son* algo. De ahí que Hegel afirme que «lo absoluto es el ser»[143].

En la filosofía hegeliana y, por tanto, en todas aquellas teologías herederas de los planteamientos hegelianos, la consecuencia de que el ser sea la noción más general de todas es que se convierte en la más vacía y pobre. Por lo que, si Dios es el Ser Absoluto, será lo absolutamente vacío, es decir: Dios será la nada. En cambio, en la filosofía cristiana de corte tomista, el Ser es lo más rico de todo.

Para los hegelianos, el ser será la determinación más *pobre* de todas, por ser la más *abstracta*[144]. El ser es la determinación más abstracta porque es el género supremo, es lo único que tienen en común todos los entes. Para ser lo más común, la noción de ser deberá carecer de toda determinación, deberá ser absolu-

---

143 Hegel: *Enciclopedia de las ciencias filosóficas*; § 86.
144 *Ibidem*; cf. también § 51.

tamente indeterminado; es decir, será una noción vacía de contenido, de modo que no tenga ninguna característica, no tendrá nada que la caracterice, y, por eso, el *ser* coincidirá con la *nada*.

Esta es, precisamente, la noción metafísica de *esse commune*; el ser entendido como lo máximamente común. Pero ¿por qué dice Hegel que es la realidad más *pobre*? Muy sencillo, porque Hegel concibe la noción de ser mediante la *abstracción total*. En efecto, al ser lo máximamente común a todo ente, el ser será la noción más vacía de todas porque los conceptos elaborados mediante la abstracción total cuanto más generales son menos contenido tienen; es decir, cuanta más extensión tienen menos características esenciales poseen, menos notas definitorias comprenden. De este modo el concepto de ser, al tratarse del más genérico de todos, será el más *abstracto*; por lo que también deberá ser el más vacío de todos, el más *pobre*. De ahí que Hegel afirme que: «Ser es una determinación tan pobre, que es lo menos que puede mostrarse en el concepto»[145].

Se comprende ahora que el filósofo idealista alemán llegará a identificar el ser con la nada[146]. De un modo inequívocamente explícito, Hegel afirma que: «El ser y la nada se muestran inseparablemente unidos en uno»[147]. Como esta unidad de ser y nada es la Idea Absoluta, es decir, Dios, resultará que, para Hegel, Este será la realidad más pobre de todas, el ser totalmente vacío; o sea, la nada. En Hegel, Dios y la nada son lo mismo. Este es el Dios que rechazarán los ateos como Marx, Nietzsche, Freud y sus seguidores. De hecho, Sartre escribirá un voluminoso y complejo libro titulado precisamente *El ser y la nada* en el que concluye que Dios no puede existir por ser un concepto contradictorio, el ser que es la nada. En otra obra trataremos de un modo específico este tema. Aquí nos basta anotar que el hecho de proceder a elaborar la noción de ser mediante la abs-

---

145 *Ibidem*; § 159.

146 "El ser es nada", afirma explícitamente el pensador alemán; *Ibidem*; § 87.

147 *Ibidem*; § 88.

tracción total acaba llevando a concebir al Ser Absoluto, Dios, como el más vacío de todos, el más pobre, de modo que Dios es la nada. Como puede apreciarse, en modo alguno se trata del Dios de la fe cristiana, que concibe al Ser Supremo como el ser más «rico» de todos; aquel ser que tiene todas las perfecciones en un grado imperfectible. Este Ser Absoluto que es la nada es el Dios de Hegel, pero no el de la fe cristiana en general. De modo que las corrientes ateas que afirman que Dios no existe porque no puede ser así, aciertan en negar la existencia de ese dios que propone Hegel, pero yerran al negar la existencia de Dios en términos absolutos por considerar que Dios solo puede ser como decía Hegel que es.

Pero Hegel no fue el único. En efecto, el anarquista ruso Mihail Bakunin también consideró a Dios como el «vacío absoluto» que acaba constituyendo una «abstracción muerta». Así lo atestigua el siguiente texto, en el que afirma que: «Un individuo que quiera poner en tela de juicio la sociedad, es decir, la naturaleza en general y especialmente su propia naturaleza, se colocaría por eso mismo fuera de todas las condiciones de una existencia real, se sumergiría en la nada, en el vacío absoluto, en la abstracción muerta, en Dios»[148]. No analizaremos ahora la idea de Dios en Bakunin, ni tampoco los elementos que configuran su crítica a la religión y a la teología natural, lo único que pretendemos mostrar aquí es que Bakunin concibe a Dios, esencialmente, como el ser más vacío, y esto es así porque toma al Dios de Hegel como la representación filosófica de Dios por antonomasia. Un error que repetirán Feuerbach, Marx, Nietzsche y el propio Sartre ya a mediados del siglo XX.

Bakunin sentía un profundo respeto por la figura de Hegel, llegando a considerarlo, según sus propias palabras, «el mayor genio que ha existido después de Aristóteles y Platón»[149]. Bakunin opina que entre los méritos de Hegel debería contarse

---

148 Bakunin, Mihail: *Dios y el Estado*; Ediciones Júcar, Gijón, 1978, p. 156.
149 *Ibidem*; p. 116.

el haber «demolido la objetividad o la realidad de las ideas divinas»[150]. Pero le reprocha que ni siquiera este gran espíritu pudo substraerse a la tentación de «reinstalarlas de nuevo en su trono trascendente y celeste»[151]. Pero esto ya no pudo ser posible; después de Hegel la idea de Dios quedó herida de muerte. La caracterización que hizo Hegel del Ser Supremo fue tal, que con ella se inició el declive filosófico de la idea de Dios, dando paso al proceso denominado: la *muerte de Dios* (una expresión que sería muy famosa a raíz de su utilización por parte de Nietzsche) tanto en la cultura como en la sociedad y en las mentes y los corazones de las personas. Y es que Hegel, según Bakunin, «ha matado definitivamente al buen dios, ha quitado a esas ideas su corona divina, mostrando a quien supo leerlo que no fueron nunca más que una creación del espíritu humano que recorrió la historia en busca de sí mismo»[152].

Para este autor, no solo la idea de Dios es una invención de la mente humana, una ficción psicológica, diríamos hoy en día, también lo es la idea de hombre. En efecto, según Bakunin, igual que no existe una naturaleza divina tampoco existe una naturaleza humana; el hombre en cuanto tal no es nada, afirma el célebre anarquista ruso. El concepto de Dios y el concepto de hombre son conceptos vacíos, representaciones abstractas que se identifican con la nada: «Ese individuo humano solitario y abstracto es una ficción, semejante a la de Dios —sostiene Bakunin—, pues ambas han sido creadas simultáneamente por la fantasía creyente o por la razón infantil, no reflexiva, ni experimental, ni crítica, sino imaginativa de los pueblos (...). Ambas, representando un abstracto vacío de todo contenido e incompatible con una realidad cualquiera, culminan en la nada»[153].

150 *Ibidem.*
151 *Ibidem.*
152 *Ibidem.*
153 *Ibidem*; p. 166.

Tenemos pues, que, para Bakunin, al igual que para Hegel, Dios es un concepto vacío, es el ser que se identifica con la nada, Dios no sería más que una idea abstracta vacía de todo contenido. Puede afirmarse, por tanto, que en el Dios filosófico que es criticado por Bakunin late el trasfondo de la concepción hegeliana de Dios al identificarse a este con el concepto de ser elaborado por abstracción total.

Tal como hemos señalado, la cosa no queda aquí, ya que la influencia de la errónea concepción de Dios llevada a cabo por Hegel también se puede rastrear, por ejemplo, en el pensamiento de Nietzsche. En efecto, para el insigne pensador alemán, Dios es una «realidad» inventada por los hombres; por lo tanto, sería una de las últimas «entidades» (en cuanto ente de razón, claro está) en aparecer en la realidad. Lo que habría sucedido es que los filósofos, al especular, habrían cometido el error metafísico de colocar esta «realidad última» en primer lugar; es decir, concebirían a Dios como la realidad primera, fundamento del ser de toda realidad ulterior. Los filósofos confunden «lo último y lo primero —dice Nietzsche—. Ponen al comienzo, *como* comienzo, lo que viene al final —¡por desgracia!, ¡pues no debería siquiera venir!—»[154].

Esa «realidad ideal» que es Dios para Nietzsche, no es otra cosa que el «Dios vacío, el Dios nada» de Hegel. Y es que, el Dios que tiene Nietzsche presente a la hora de hacer su crítica de la teología natural es el Dios de la filosofía hegeliana, y no el de la fe católica en particular y el del cristianismo en general. Así lo atestigua el siguiente texto en el que dice: «Los "conceptos supremos", es decir, los conceptos más generales, los más vacíos, el último humo de la realidad que se evapora (...). Con esto tienen los filósofos su estupendo concepto "Dios". Lo último, lo más tenue, lo más vacío es puesto como lo

---

154 Nietzsche, Wilhelm Friedrich: *Crepúsculo de los ídolos*; Alianza Editorial, Madrid, 1986, p. 47.

primero»[155]. Estas palabras del ilustre filósofo alemán no dejan lugar a ningún tipo de duda hermenéutica, no cabe error de interpretación posible. El Dios filosófico que Nietzsche tiene ante sí a la hora de hacer su crítica metafísica es el Dios de Hegel; ese Dios que, como vimos anteriormente, se le concibe como ser, pero al entender a este como la realidad más vacía de todas, por ser la más genérica, se le identifica con la nada. En otra obra analizaremos en profundidad las raíces filosóficas del ateísmo de Nietzsche y su influencia hegeliana.

Ni siquiera el propio Martin Heidegger puede evitar el sucumbir ante el influjo seductor del pensamiento hegeliano en este punto. En efecto, en los cursos impartidos en Friburgo de Brisgovia durante el semestre del verano de 1941, recogidos en la obra *Conceptos fundamentales*[156], Heidegger identifica la nada con el ser, pues afirma que: «La nada no "es" algo distinto al ser, sino este mismo»[157]. Más adelante sostiene que «el ser (...) es justamente algo así como "la nada"»[158].

Ahora bien, esto no significa que Heidegger acepte sin más la identificación hegeliana del ser con la nada; el propio Heidegger nos pone sobre aviso en este punto, al advertirnos que: «Cuando en la conferencia *"¿Qué es Metafísica?"* se alude a la identificación hegeliana del ser y la nada, eso no significa que se acepte la posición fundamental de Hegel, sino que únicamente quiere indicarse en general que dicha "identificación", sin duda alguna rara, ya ha sido pensada en filosofía»[159].

La nada es lo más vacío de todo, «es lo más vacuo de la vacuidad»[160], pero al identificarse el ser con la nada el ser resultará ser también lo más vacío de todo, por esto: «Ciertamente

155 *Ibidem*; pp. 47-48.
156 Heidegger, Martin: *Conceptos* fundamentales; Alianza Editorial, Madrid, 1989.
157 *Ibidem* p. 91.
158 *Ibidem*; p. 106.
159 *Ibidem*; p. 112.
160 *Ibidem*.

decimos: el ser "es" lo más vacuo»[161]. Esto solo es posible si el ser es entendido como el género supremo elaborado por abstracción total. Solo en este caso, al concebirse el ser como lo más común a todo ente, se convierte en lo más vacío, por estar carente de toda determinación y, por lo tanto, en lo equiparable a la nada. El ser que es la nada es el ser concebido como *esse commune* elaborado mediante la abstracción total, una concepción que representa las antípodas del *Ipsum Esse subsistens* tomista y del Dios Amor del apóstol San Juan.

Ahora bien, Heidegger reconoce la perplejidad que infunde en el espíritu esta concepción del ser; por esto mismo se pregunta si realmente el ser es lo más vacío o es la plenitud, o quizás las dos cosas, tal como atestiguan sus palabras en el siguiente texto: «Habrá que preguntar precisamente aquí si no sería el ser algo distinto a un simple nombre para el concepto más general y por ello más vacuo. Si no sería el ser en cada caso y en general lo exuberante de donde surge toda plenitud del ente... Quedaría por preguntar si precisamente no sería el ser tanto la vacuidad que incontestablemente se muestra en el concepto más general como la exuberancia (...). Entonces el ser no solo sería lo desechado y apartado del ente, sino, a la inversa y al mismo tiempo, aquello que en todo ente sigue siendo, por lo pronto y por doquier, lo esenciante»[162].

En *Identidad y diferencia* Heidegger reconoce que el ser no solo puede ser entendido como *esse commune*, sino que también puede ser concebido como ser supremo o *esse realissimum*: «El ser tiene sin embargo dos aspectos: por una parte

---

161 *Ibidem*; p. 118. Son muchas las ocasiones en las que Heidegger afirma en *Conceptos fundamentales* que el ser es lo más vacío, a este respecto cf. pp. 66-69, 75, 84-85, nosotros solo destacaremos un texto en el cual Heidegger resalta que esta interpretación del ser constituye una «doctrina fundamental de la metafísica occidental. Según esta, el ser es lo *más universal de lo universal*. Lo más universal, lo que para su determinación no admite ya nada universal, es lo más indeterminado y vacío» (*Ibidem*; p. 80).

162 *Ibidem*; p. 110.

—dice Heidegger—, es el uno unificador, en el sentido de que es en todo lugar lo primero y de este modo, lo más general, y, al mismo tiempo, es el uno unificador, en el sentido de lo supremo (Zeus)»[163]. En el primer sentido, el ser sería lo más vacío, pero en el segundo sería lo contrario: la exuberancia ontológica, la plenitud, el ser sería Dios. Ahora bien, en la *Carta sobre el humanismo* Heidegger afirma de una forma explícita que «El "ser" no es ni Dios ni un fundamento del mundo»[164], de donde resulta que lo que propiamente le queda al ser es la vacuidad.

163 Heidegger, Martin: *Identidad y diferencia*; Ed. Anthropos, Barcelona, 1988, p. 147.

164 Heidegger, M.: *Carta sobre el humanismo*; Alianza Editorial, Madrid, 2006, p. 39.

XVIII

EL OLVIDO DE DIOS

Con Heidegger podemos decir que, en la época actual, al ser le toca vivir una de las valoraciones más grises que pueda padecer. Si antaño se tuvo que ver erróneamente caracterizado, confundido o subordinado, el destino que debe sufrir hoy es aún más ignominioso, pues se ha de resignar a padecer la indiferencia. Y eso que, como dice Heidegger, nuestra época se precia de ser un tiempo en el que se retorna a la especulación metafísica[165].

A lo largo de estos dos mil quinientos años el olvido del ser al que alude Heidegger ha consistido esencialmente en caracterizarlo de forma errónea, al confundirlo con otras realidades ontológicas, o en subordinarlo a entidades que, en rigor, son ellas las que dependen del ser. Pero el cansancio espiritual, brillantemente detectado por Nietzsche, se ha ido acumulado durante los últimos siglos hasta desembocar en nuestro tiempo en la actual indiferencia metafísica por el ser que padece el

---

165 Heidegger inicia su obra *Sein un Zeit* afirmando que la pregunta que interroga por el sentido del ser sigue en la actualidad estando en el olvido, pese a que nuestro tiempo se apunta como un signo de progreso el retorno al pensar metafísico: «La mencionada pregunta está hoy caída en olvido, bien que nuestro tiempo se anote como un progreso volver a afirmar la "metafísica"». Heidegger, Martin: *Ser y tiempo*; Fondo de Cultura Económico, Buenos Aires, § 1).

hombre contemporáneo. Una indiferencia que se refleja en la forma de vivir y sentir que se respira en el mundo occidental. El creciente desinterés social por las cuestiones metafísicas, teológicas o morales es un indicio de ello. Parece como si las únicas regiones del ente ante las que el hombre occidental actual no se muestra indiferente fueran las económicas y las hedónicas. Preocupado por el *aparentar*, el *tener* y el *hacer*, el hombre occidental ya no caracteriza erróneamente al ser, ya no lo confunde o subordina a algo inferior. Hoy, pura y simplemente, se ignora al ser, y es que, como muy bien dice Heidegger: «El ser (...) puede hundirse totalmente en la indiferencia del olvido»[166].

Pero no solo el *hombre corriente* se muestra indiferente hacia el ser, también es el caso de muchos de los actuales pensadores. Se está experimentando, como no podría ser de otro modo, un retorno a la metafísica, es cierto, pero en muchas ocasiones se sigue obviando el tema del ser. El actual resurgir de la Metafísica no significa, necesariamente, un nuevo pensar en torno al ser.

El pesimismo, o el lamento por cómo están hoy las cosas, no sirve de nada. De hecho, las épocas históricas no son ni buenas ni malas, simplemente son como son. Si se prefiere, podría decirse que todas las épocas históricas tienen sus cosas buenas y sus cosas malas. Lo que sí sucede es que todas las situaciones humanas son mejorables, y por ello perfectibles. Si a nuestra época se le puede reprochar el nacimiento y desarrollo de un frívolo culto al cuerpo, se le debe agradecer el positivo perfeccionamiento de las ciencias de la salud, que han logrado algo tan loable como la mejora en la longevidad y un notorio aumento de la calidad de vida. De igual modo es cierta la afirmación de que nunca como ahora había sufrido la Naturaleza un trato tan degradante por parte del ser humano, pero no es menos cierto que jamás había surgido en la conciencia humana una sensibilidad ecológica tan fina que, al margen de manipulacio-

---

166 Heidegger, M.: *Conceptos fundamentales*; op. cit., p. 106.

nes políticas, nos puede llevar hacia una relación respetuosa con el medio ambiente en el marco de una nueva sensibilidad cimentada en la responsabilidad ecológica para con las generaciones futuras. Y estos son solo dos ejemplos elegidos al azar entre una infinidad posible. Nuestro tiempo es un tiempo de defectos, cierto; pero también de virtudes. En cualquier caso, es una época apasionante en la que el hombre se está jugando mucho de su futuro inmediato como especie; no hay que olvidar que por primera vez en sus dos millones y medio de años de existencia, la humanidad tiene en sus manos la posibilidad de poder autoextinguirse.

La actual crisis de fe en Occidente no es sino el reflejo de una gran crisis metafísica y axiológica. De aquí que el filósofo y teólogo Carlos Cardona haya afirmado que: «Es patente que un verdadero eclipse de luz metafísica y trascendente se ha abatido sobre vastos territorios de la cultura y de la vida misma (...). Toda una civilización se tambalea ante un seísmo espiritual»[167]. Ahora bien, que en nuestra sociedad se haya producido un evidente eclipse de Dios y de los valores que en él se fundamentan no quiere decir que el ansia de trascendencia haya desaparecido del corazón de las personas, puesto que el ser humano es metafísico por naturaleza[168], de modo que jamás podrá dejar de preguntarse por las cuestiones últimas, por mucho que la cultura de su ambiente apunte en otra dirección. Se trata de una verdad de la que se han hecho eco la mayoría de los sabios de Occidente, como es el caso de: Platón, Aristóteles, Agustín de Hipona, Tomás de Aquino, Kant o Hegel, por ejemplo.

El gran filósofo alemán Emmanuel Kant ha defendido en numerosas ocasiones esta misma tesis. En efecto, en su obra

---

167 Cardona, Carlos: *Metafísica del Bien y del mal*; Eunsa, Pamplona, 1987, p. 183.

168 Esto es lo que, en definitiva, significa la célebre frase con la que Aristóteles inicia su tratado sobre la Filosofía Primera: «Todos los hombres desean por naturaleza saber» (Aristóteles: *Metafísica*; I, 980a 21). Sabemos que para el *Estagirita* la Sabiduría es la Metafísica, de modo que buscar el saber es realizar esa inclinación natural al conocimiento que tiene todo el mundo.

capital, titulada *Crítica de la razón pura*, insiste repetidamente
en este punto. Para el filósofo de Königsberg la metafísica es
connatural al hombre, de manera que mientras haya seres
humanos habrá metafísica. Para Kant: «Siempre ha habido
y seguirá habiendo en el mundo alguna metafísica»[169]. Y, un
poco más adelante, precisa que: «Si bien la metafísica no es
algo real en cuanto ciencia, sí lo es, al menos, en cuanto disposición natural (*metaphysica naturalis*). En efecto, la razón
humana avanza incontenibleinente hacia esas cuestiones (...).
La propia necesidad le impulsa hacia unas preguntas que no
pueden ser respondidas ni mediante el uso empírico de la
razón ni mediante los principios derivados de tal uso. Por ello
ha habido siempre en todos los hombres, así que su razón se
extiende hasta la especulación, algún tipo de metafísica, y la
seguirá habiendo en todo tiempo»[170]; una idea que repite hacia
el final de su obra magna, cuando sostiene que: «Desde que la
razón humana piensa, o mejor, reflexiona, no ha podido prescindir de una metafísica (...). La idea de esa ciencia es tan antigua como nuestra razón»[171].

En la actualidad la afirmación de que el conocimiento metafísico es algo consubstancial a la naturaleza humana ha sido
sostenida por pensadores tan dispares como Martin Heidegger
o Claude Lévi-Strauss. En efecto, para el filósofo existencialista
alemán: «La metafísica es algo real como disposición natural
en todos los hombres (...). La metafísica pertenece a la naturaleza del hombre y coexiste de hecho con él»[172]. Por su parte,
el filósofo estructuralista francés sostiene explícitamente que:

---

169 KRV.; B XXXI.

170 KRV.; B 21.

171 KRV.; A 842 / B 870.

172 Heidegger, Martin: *Kant y el problema de la metafísica*; FCE; México; 1986; pp.
      11-12.

«La filosofía es inherente al espíritu humano; [por lo que] siempre habrá alguna filosofía»[173].

Coincidimos con estos autores en la apreciación que hacen sobre el valor universal de las cuestiones metafísicas; por esto, el *olvido del ser* no puede ser ni absoluto ni permanente. El entendimiento humano por su propia naturaleza ontológica está hecho para «conocer» y «decir» el ser. De hecho, lo propio del entendimiento humano es entender lo que verdaderamente es el ser. Pero la noción de ser en cuanto tal, y menos la del Ser Absoluto, no es la primera que elabora nuestra inteligencia. Lo primero que capta nuestro entendimiento es la noción de ente; posteriormente, la aprehensión del ser la hace en la intelección del ente, es decir, el entendimiento humano lo que entiende es el ser del ente, y a partir de ahí intenta entender lo que es el ser en cuanto ser, al que los metafísicos denominan: el *ens commune*; para, finalmente, captar, lo que es el *Ser* en la plenitud de su absoluta subsistencia: el *Esse subsistens*, Dios. La indiferencia explícita respecto al ser que se registra hoy en día es una indiferencia de índole metafísica que a nivel teológico se traduce en una indiferencia individual y social respecto al ser Absoluto.

Carlos Cardona ha relacionado, y creemos que con acierto, la pérdida y el olvido del ser con la pérdida y el olvido de Dios; lo que lleva de forma concomitante a una pérdida del sentido de la libertad[174]. En efecto, perdido el ser se pierde a Dios; y perdido este, la verdadera fundamentación de la libertad humana deviene problemática, por no decir imposible. Volveremos sobre este tema más adelante.

---

173 Lévy-Strauss, Claude: *Los problemas del estructuralismo*; Universidad de Córdoba, Córdoba, Argentina, 1967, p. 192.

174 «Proporcionalmente a la pérdida del sentido del ser —y por eso, de Dios— ha habido siempre una disminución del sentido profundo de la libertad». Cardona, Carlos: *Metafísica del Bien y del Mal*; op. cit., p. 168.

XIX

EL PECADO DE ESCÁNDALO DE LA FILOSOFÍA

Son numerosas las críticas que recibe la Filosofía. Algunas hacen referencia a lo abstrusos que son algunos de sus razonamientos, especialmente los que hacen referencias a cuestiones metafísicas. Otras, basándose en la incomprensión de la mayor parte de sus razonamientos abstractos, se refieren a la inutilidad de estos; es decir, se acusa a la Filosofía, especialmente en su vertiente metafísica, de ser un pensamiento poco práctico, por lo que no tendría nada que hacer frente a la utilidad del conocimiento científico.

¿Cómo la filosofía, con su falta de unanimidad, puede aspirar a elaborar un discurso convincente en torno al problema más importante que puede afectar a un ser humano, a saber: la existencia o no de Dios? Dicho de otra forma: si los grandes pensadores no se ponen de acuerdo en casi nada, dando con ello pie a la pluralidad de los grandes sistemas filosóficos, ¿cómo podemos esperar de ellos una respuesta fiable respecto a la cuestión de si Dios existe verdaderamente o no? En efecto, este es, sin duda, uno de los puntos que más recelo despierta en la conciencia actual.

Describir las características que afectan a una determinada cuestión o detallar los elementos que configuran un problema resultan ser pasos de gran interés, incluso necesarios, para la obtención de una respuesta acertada, pero no son suficientes para comprender plenamente un hecho. La determinación fenoménica es un preámbulo para la intelección de la esencia en cuestión, pero no el punto y final del análisis; es un paso necesario en el proceso de inteligibilidad de cualquier tema a resolver, pero no el término de dicho proceso. Por esto mismo, todo lo que hemos hecho hasta ahora —afirmar que en nuestra época se vive una indiferencia por el ser— no es ir más allá de la simple presentación de un signo identificativo de nuestro modo de ser, modo que caracteriza nuestro momento histórico, pero que no lo explica. El itinerario filosófico que siguió la modernidad hasta impulsar el surgimiento del ateísmo actual, junto con las fuentes coetáneas que alimentan intelectualmente el ateísmo contemporáneo, lo explicaremos en otras obras.

En un tono prosaico, Albert Camus ha sostenido, en su obra *La caída*, la definición que él cree que se dará de nosotros en el futuro: «Imagino a veces lo que dirán de nosotros los historiadores futuros. Una sola frase les bastará para el hombre moderno: fornicaba y leía periódicos. Tras esta rotunda definición el tema, espero, quedará agotado»[175]. Naturalmente, si Camus viviera hoy, actualizaría los elementos de su definición e introduciría determinaciones como: veía la televisión, navegaba por internet y después de trabajar invertía en su ocio el tiempo restante, pero esto no hace que la valoración que realizó no sea desoladora; aunque discutible, no por lo que dice, sino por lo que calla.

Pero, la pregunta es: ¿qué tiene que ver esta afirmación de Camus con la actual indiferencia por el ser como una nota esencial de nuestro momento histórico? La clave de la respuesta la tiene otro gran pensador. En el primer tercio del siglo XIX

---

175 Camus, Albert: *La caída*; Summa Literaria, Vol. IV, Ed. Seix Barral, Barcelona, 1985, p. 266.

Hegel observó que la lectura matutina del periódico había sustituido la oración matinal del hombre moderno[176]. ¿Pero dónde está la conexión entre ambos? Es muy simple. El diálogo con el *Ser* Supremo fue sustituyéndose lentamente por la adquisición de información en torno a los múltiples modos en los que el ente se presenta, en concreto se disparó el interés por el devenir diario del ente. Fascinado por el inmenso caudal de información que iba cayendo en sus manos, el hombre moderno se volcó en el horizonte de lo puramente óntico, la realidad sensorial que nos rodea. De este modo el hombre moderno también practica lo que Heidegger ha denominado la «diferencia ontológica», que es la distinción entre lo «óntico» (todo aquello que se refiere al mundo empírico que percibimos por nuestros sentidos) y lo «ontológico» (que es el fundamento metafísico de lo empírico). Pero esta diferenciación la hace por vía negativa, al afirmarse solo lo óntico, dejando de lado lo ontológico.

Este es precisamente el significado de la siguiente afirmación de Heidegger: «La consigna del sano sentido común: actuar y obrar en el ente en vez de un vacuo pensar sobre el ser»[177]. Separando el ente del ser, lo que Heidegger llama la *diferencia ontológica*, el hombre moderno se queda con el ente y olvida el ser, que es lo que nosotros denominamos la *indiferencia ontológica*. Pero al *olvidar* al ser en cuanto tal, concomitantemente se olvida al Ser Absoluto, que es el fundamento último del ser de todo ente y de este modo se empieza a vivir de tal forma que Dios aparece como *innecesario* para el día a día de la persona, y mucho más para el devenir social. De esta forma, Dios va desapareciendo poco a poco del horizonte individual y también del cultural. El olvido filosófico del ser ha llevado al olvido de Dios en el individuo; y de este, ha pasado a la sociedad a través de su

---

176 «Hegel decía ya a principios del siglo XIX: "La lectura del periódico es la oración matinal del hombre moderno"». Cf. VV.AA.: *La psicología moderna de la A a la Z*; Ediciones Mensajero, Bilbao, 1978, p. 302.

177 Heidegger, M.: *Conceptos fundamentales*; op. cit., p. 69.

ausencia en la cultura, en la educación, en los valores morales, en las decisiones configurativas de las relaciones humanas, etc.

Hemos visto anteriormente cómo un grave error a la hora de afirmar cómo concibe el entendimiento los conceptos ha dado pie a una errónea caracterización de Dios y a la afirmación de que un ser así no puede existir. Ahora acabamos de ver cómo el olvido de la noción de ser en el pensamiento occidental ha contribuido también a pavimentar el camino hacia el ateísmo, primero teórico y luego práctico.

En este modo de relacionarse respecto al ser, Dios resultará indiferente a una buena parte de la sociedad occidental, especialmente europea; y en la culminación de la modernidad, el siglo XX, la indiferencia acabará siendo la relación esencial para con Dios.

Pero esa sustitución de la oración mental matinal por la lectura del periódico a la que hacía referencia Hegel, algo que, por otra parte, se trata de dos hechos que no son incompatibles, no es la causa del abocamiento del hombre moderno hacia lo óntico. Por el contrario, tal vez más bien se trate de su efecto. No se pierde el interés por lo ontológico en virtud de esa sustitución, sino que ella se da porque lo ontológico, el fundamento trascendente de la realidad, ya ha perdido su interés para el hombre posmoderno occidental. Nosotros, ciudadanos del siglo XXI, epígonos de la modernidad, somos herederos de ese desinterés. La pregunta que se impone es, pues, ¿por qué se ha producido esa pérdida del sentido del ser que ha llevado al desinterés por Dios?

Algunos filósofos han venido a responder a esta cuestión (si bien es cierto que de un modo indirecto, pues no se han planteado la pregunta explícitamente), aludiendo a lo que podríamos llamar el «pecado de escándalo» de la filosofía. Así Nietzsche justifica la existencia de ese «cansancio espiritual» alegando que en el hombre moderno se ha introducido un paulatino y progresivo desánimo por la verdad de la filosofía, lo que en Heidegger equivale a decir que se ha desanimado por la verdad del ser[178].

Este desánimo habría sido provocado por el escándalo que ofrecen los filósofos al discutir entre ellos continuamente, refutándose unos a otros sin cesar. En efecto, no ha existido un solo momento en la historia de la Filosofía, alegan, en el que los filósofos se hayan puesto mayoritariamente de acuerdo en proclamar la respuesta verdadera a uno solo de los problemas fundamentales del ser humano. El «cansancio espiritual» del que hablaba Nietzsche ha sido motivado, según él, por una «larga lucha de opiniones filosóficas» que ha llevado «hasta el más desesperado escepticismo contra la filosofía»[179].

David Hume se queja de lo mismo en la introducción a su célebre obra titulada *Tratado de la Naturaleza Humana*. En este libro su intención es explicar cómo conocemos la realidad. Los humanos queremos conocer la Naturaleza, pero antes de conocer los objetos que configuran la realidad se debe analizar el instrumento con el que vamos a conocer, que no es otro que el propio conocimiento. Esta postura, que se ha denominado «actitud crítica», implica que para conocer algo hay que empezar conociendo el conocimiento, a fin de poder determinar la fiabilidad que nos pueden proporcionar los contenidos objetivos alcanzados. Pero el conocimiento no es algo substantivo en sí mismo, sino que es el acto de una facultad de un sujeto. Por ello considera Hume que debe emprender el estudio de la naturaleza humana como propedéutica a toda ontología e incluso a todo análisis positivo de una determinada parte de la realidad. La justificación de este proceder la cimentó Hume en el escándalo que supone para la filosofía la heterogeneidad de sistemas, en algunos casos enteramente antitéticos, que presumen des-

---

178 Cf. a este respecto la introducción de José Luis Molinuevo a la obra de Martin Heidegger: *¿Qué es filosofía?* (que incluye los artículos: «¿Qué es eso de la filosofía?», «El principio de razón», «El final de la filosofía y la tarea de pensar»); Ed. Narcea, Madrid, 1980, pral. pp. 26 y 32.

179 Nietzsche, Friedrich Wilhelm: *La Voluntad de poder*; nº 55.

cubrir con veracidad la naturaleza de la realidad: «Principios asumidos confiadamente, consecuencias defectuosamente deducidas de esos principios, falta de coherencia en las partes y de evidencia en el todo: esto es lo que se encuentra por doquier en los sistemas de los filósofos más eminentes; esto es, también, lo que parece haber arrastrado al descrédito a la filosofía»[180], afirma Hume. La continua falta de unanimidad ha dado pie a una discusión permanente y esto es lo que ha arrastrado a la filosofía en general, y a los sistemas metafísicos en particular, al descrédito, opina el filósofo escocés; por eso sostiene que: «No hay nada que no esté sujeto a discusión en que los hombres más instruidos no sean de pareceres contrarios (...). En la mayoría de las cuestiones de importancia somos incapaces de decidir con certeza. Se multiplican las disputas como si todo fuera incierto; y estas disputas se sostienen con el mayor ardor, como si todo fuera cierto (...). De aquí surge, en mi opinión, ese común prejuicio contra los razonamientos metafísicos»[181].

Kant sigue las huellas de Hume en este proceder y también empieza justificando su labor crítica, encaminada a determinar la validez objetiva de los conocimientos metafísicos, enunciando las miserias en las que se encuentra esta disciplina. Ya hemos visto que el filósofo de Königsberg es del parecer de que la mente humana no puede evitar el plantearse cuestiones metafísicas por la simple razón de que se trata de una exigencia que emana de su propia naturaleza, ya que está orientada de suyo a la intelección del ente. Ahora bien, no se encuentra capacitada para responder a esas preguntas desde el punto de vista teórico, pues sus principios solo son válidos para el ámbito fenoménico, perdiendo toda objetividad más allá de dicho horizonte. No obstante, la razón no puede detenerse e inevitablemente aplica esos principios más allá del ámbito empírico, pero entonces incurre en contradicciones y, como

---

180 Hume, David: *Tratado de la Naturaleza Humana*; Introducción, XVII.
181 *Ibidem*; XVIII.

dice él: «oscuridades». Estas generan interminables discusiones que son las que arrastran al desprestigio a la Metafísica, pues tal disciplina representa el interminable campo de batalla en el que se desarrollan todas esas discusiones. Otrora, la Metafísica era considerada la *sciencia princeps*, título que en toda justicia bien merecía en honor a la excelsitud de su objeto. Dice Kant que en el s. XVIII (y podríamos añadir que hoy en día también) se vive un desprecio hacia la Metafísica cuyo origen está en sus guerras intestinas. La conclusión que saca el filósofo alemán pretende ser positiva, pues advierte que pese a ese hastío e indiferentismo total que se vive hacia las cuestiones metafísicas, se deja percibir el preludio de una «próxima transformación»[182]. Fue Descartes quien inauguró este modo de proceder en Filosofía. El insigne filósofo francés buscó establecer un sistema que fuera incuestionable e indubitable. Hume y Kant persiguieron también este mismo objetivo.

Los filósofos discrepan, en efecto, los unos de los otros a la hora de dar una respuesta concreta que sea explicativa de la

---

182 El texto kantiano dice así: «La razón humana tiene el destino singular, en uno de sus campos de conocimiento, de hallarse acosada por cuestiones que no puede rechazar por ser planteadas por la misma naturaleza de la razón, pero a las que tampoco puede responder por sobrepasar todas sus facultades. La perplejidad en la que cae la razón no es debida a culpa suya alguna. Comienza con principios cuyo uso es inevitable en el curso de la experiencia (...). Con tales principios la razón se eleva cada vez más (como exige su propia naturaleza), llegando a condiciones progresivamente más remotas. Pero, advirtiendo que de esta forma su tarea ha de quedar inacabada, ya que las cuestiones nunca se agotan, se ve obligada a recurrir a principios que sobrepasan todo uso empírico y que parecen libres de sospecha (...). Es así como incurre en oscuridades y sospechas. El campo de batalla de estas inacabables disputas se llama *metafísica*. Hubo un tiempo en que la metafísica recibía el nombre de reina de todas las ciencias y, si se toma el deseo por la realidad, bien merecía este honroso título, dada la importancia prioritaria de su objeto. La moda actual, por el contrario, consiste en manifestar ante ella todo su desprecio (...). Su dominio, bajo la administración de los *dogmáticos*, empezó siendo *despótico* (...). Tal dominio fue progresivamente degenerando, a consecuencia de guerras intestinas (...). Ahora reina el hastío y el indiferentismo total, que engendran el caos y la noche en las ciencias, pero que constituyen, a la vez, el origen o al menos el preludio, de una próxima transformación y clarificación» (Krv. A VII-X).

totalidad de la realidad. Pero todos coinciden en la importancia y la perenne necesidad de formular una interpretación de esa índole, así como de la necesidad que tiene el ser humano de encontrar sentido a su existencia, saber quién es, conocer con fiabilidad cuál es su verdadero origen y el auténtico lugar que le corresponde en la realidad.

XX

EL ATEÍSMO MORAL:

EL ESCÁNDALO DEL MAL

Si la falta de unanimidad entre los filósofos es el «pecado de escándalo de la filosofía», la presencia del padecimiento de injusticias por parte de las personas honestas y el aparente triunfo de los hombres injustos que mueren plácidamente, sin haber pagado por los males causados tras haberse beneficiado de esas injusticias, es el auténtico escándalo para todo ser humano con una conciencia mínimamente resiliente.

La presencia del mal en el mundo es un hecho, no precisa demostración. El mal se ha erigido en un formidable interrogante en los más hondos momentos de la vida de los hombres, en virtud de su corrosiva incidencia en la existencia real y cotidiana del hombre singular.

A lo largo de los siglos el hombre ha visto en la realidad del mal una aporía que obstaculizaba su creencia en un Dios que pudiera ser creador, providente, omnisciente, omnipotente e infinitamente bueno. Hace ya mucho tiempo que el problema del mal pesa en la conciencia de los hombres representando el obstáculo teórico principal contra su fe en Dios. Es por esto que

Juan Antonio Estrada ha dicho que: «El problema del mal, tanto en el cosmos como en la vida humana, sigue arrojando sus sombras sobre cualquier planteamiento teísta en correlación con la causa (original o final) de este universo en el que existe el hombre. Si el universo actual es el resultado de un proceso encaminado por Dios a la existencia del hombre, resulta racionalmente incomprensible por qué sigue habiendo tanto desorden y sinsentido, generador de sufrimientos y de graves taras y patologías en la realidad humana. El desorden del universo y su traducción en sufrimiento y mal para el hombre proyecta una sombra de cuestionamiento sobre todo teísmo y evita toda afirmación dogmática o autosuficiente»[183]. En el final de la cita Estrada nos dice que el sufrimiento injusto de la persona honesta clama contra la existencia de un Dios perfectamente bueno.

Walter Brugger comparte esta misma idea al señalar que: «La mayor piedra de escándalo para conocer a Dios es quizá el mal que hay en el mundo y especialmente el mal moral»[184]. Y esa piedra de escándalo procede del hecho de que: «El predominio del mal físico y moral en el mundo pone a prueba la fe en Dios de todos los hombres. No solo sufrimos bajo los golpes del mal físico y moral, sino también ante el *problema* mismo de su existencia en el mundo»[185].

El teólogo Michael Schmaus se expresa en el mismo sentido, y lo hace con una rotundidad explícita al sostener que la cuestión del mal: «Significa una pesada carga para la fe en Dios»[186], de tal manera que hoy supone el único argumento que le queda en pie a los ateos teóricos a la hora de intentar esgrimir una prueba objetiva y concluyente de la inexistencia real de Dios.

---

183 Estrada Díaz, Juan Antonio: *Dios en las tradiciones filosóficas*; Vol. I *Aporías y problemas de la teología natural*; op. cit., p. 208.

184 Brugger, W.: *El conocimiento de Dios*, en VV. AA.: *El ateísmo contemporáneo*, Vol. III, Ed. Cristiandad, Madrid, p. 194.

185 *Ibidem*, p. 198.

186 Schmaus, Michael: *Teología dogmática*, Vol. I *La trinidad de Dios*, § 93 *Dios y el mal*; Ed. Rialp, Madrid, 1963, p. 659.

Siguiendo esta misma línea Juan de Sahagún manifiesta que: «El problema del mal ha sido visto siempre como un serio obstáculo para creer en el Ser supremo»[187]. A este respecto Luis González Carvajal añade palabras de similar contenido al sostener que: «La existencia del mal se ha convertido hoy en uno de los mayores obstáculos para la fe, representa la roca sobre la que se asienta el ateísmo»[188].

Tal como podemos comprobar, en la actualidad el argumento de la incompatibilidad entre la existencia real de Dios y el problema del mal moral en el mundo constituye, sin duda alguna, el argumento más extendido entre los actuales ateos. Hasta el punto de que, en opinión de Antoine Vergote: «Según nuestras encuestas, la existencia del mal y del sufrimiento constituye la razón más importante para las dudas acerca de la fe y para la rebelión contra Dios. No es el problema teórico del mal el que aleja al hombre de Dios, sino que es la experiencia del sufrimiento la que sitúa al hombre contra Dios»[189].

No solo desde la increencia se ha planteado el problema de la compatibilidad entre Dios y el mal, sino que en las mismas filas del cristianismo se ha revelado esta como una cuestión de vital importancia. Ya San Agustín se preguntaba cómo podía ser posible que existiera el mal en el mundo siendo este la obra de un Dios perfectamente bueno[190]. Otro ejemplo, este más reciente,

---

187 Sahagún Lucas, Juan de: *Dios, horizonte del hombre*; Ed. BAC, Madrid, 1994, p. 267.

188 González Carvajal, Luis: *Evangelizar en un mundo postcristiano*; op. cit., pp. 75-76.

189 Vergote, Antoine: *Análisis psicológico del fenómeno del ateísmo*; en VV.AA.: *El ateísmo contemporáneo*; Vol. I, Tomo I; pp. 246-247.

190 «He aquí a Dios y he aquí las cosas que ha creado Dios, y un Dios bueno, inmenso e infinitamente más excelente que sus criaturas; mas como bueno, hizo todas las cosas buenas; y ¡ved cómo las abraza y llena! Pero si esto es así, ¿dónde está el mal y de dónde y por qué parte se ha colado en el mundo? ¿Cuál es su raíz y cuál su semilla?... ¿De dónde, pues, procede este, puesto que Dios, bueno, hizo todas las cosas buenas...? ¿De dónde viene el mal?» (S. Agustín: *Confesiones*; VII 5, Ed. Bruguera, Barcelona, 1984, p. 170).

lo tenemos en la pregunta que le formula el periodista Vittorio Messori al entonces papa Juan Pablo II: «También los cristianos —dice Messori— se han hecho una pregunta que atormenta: ¿Cómo se puede seguir confiando en Dios, que se supone Padre misericordioso, en un Dios que es el Amor mismo, a la vista del sufrimiento, de la injusticia, de la enfermedad, de la muerte que parecen dominar la gran historia del mundo y la pequeña historia cotidiana de cada uno de nosotros?»[191].

La respuesta de Karol Wojtyla no solo no rehúye el cuadro real de la condición humana, sino que lo resalta: «¿Cómo ha podido Dios permitir tantas guerras, los campos de concentración, el holocausto? —Se pregunta Juan Pablo II—. ¿El Dios que permite todo esto es todavía de verdad Amor? ¿Es acaso justo con su creación? ¿No carga en exceso la espalda de cada uno de los hombres? ¿No deja al hombre solo con este peso, condenándolo a una vida sin esperanza? Tantos enfermos incurables en los hospitales, tantos niños disminuidos, tantas vidas humanas a quienes les es negada la felicidad humana corriente sobre la tierra»[192]. También el teólogo Michael Schmaus, reflexionando en torno al mal, se pregunta cómo puede ser posible que la infinita bondad de Dios lo consienta: «¿No es increíble la afirmación bíblica de que Dios es el amor a la vista de los innumerables y graves males existentes? —se interroga Schmaus—. ¿Se puede creer que Dios es el amor a la vista de los tormentos a que el hombre está continuamente expuesto dentro de la Historia?»[193].

Podemos afirmar, sin temor a equivocarnos, que para la conciencia racionalista del hombre moderno y contemporáneo el problema del mal es, tal vez, el principal obstáculo para la fe en Dios y constituye el argumento más importante del

---

191 Juan Pablo II: *Cruzando el umbral de la esperanza*; cap. X, *Dios es amor. Entonces, ¿por qué hay tanto mal?*, op. cit., p. 77.

192 *Ibidem*.

193 M. Schmaus: Op. cit.; p. 659.

actual ateísmo teórico positivo. En relación a este problema, Juan Antonio Estrada afirma que: «No hay que olvidar que la posible justificación de sentido, implícita en la propuesta teísta, está radicalmente amenazada por el sinsentido, tanto a nivel existencial como racional, desde el mal en el mundo. Esta es la verdadera impugnación del teísmo, la más seria y decisiva a nivel existencial, y la que arroja sus sombras contra toda presunta oferta de sentido»[194]. En efecto, parece difícil conciliar la existencia de un Dios infinitamente bondadoso y omnipotente con la existencia real del mal en el mundo, principalmente con el sufrimiento de las personas, y en especial con el de los inocentes y los justos, entre quienes destacan los niños de temprana edad.

Este argumento se ha hecho clásico y, *de facto*, constituye la única objeción moral seria a la existencia de Dios. Hay personas que pierden la fe en Dios y el sentido de lo divino en el mundo al observar el triunfo del mal moral. La experiencia del sufrimiento absurdo engendrado por el mal moral es, sin duda, la gran objeción ética que puede esgrimirse contra la existencia de Dios. Estamos de acuerdo, pues, con Jean Daniélou cuando afirma que: «En el diálogo entre creyentes y ateos, la cuestión del mal ocupa un puesto esencial. Esta cuestión es, para muchos hombres, fuera de toda ideología, el principal obstáculo para la creencia en Dios»[195].

En el siglo XIX, en pleno hervidero de ideas socialistas, el ruso Feodor Dostoievski ya anunció que el gran escándalo de la conciencia moral de nuestro tiempo era la existencia del mal. Las piedras y los panes de la tentación demoníaca a Cristo de hace dos milenios equivalen en la actualidad al problema social, la miseria en la que viven millones de seres humanos. La

---

194 Juan Antonio Estrada Díaz: *Dios en las tradiciones filosóficas*; Vol. II *De la muerte de Dios a la crisis del sujeto*; op. cit., p. 21.

195 Daniélou, J.: *La teología del mal frente al ateísmo*; en: *El ateísmo contemporáneo*; VV. AA., Vol. IV, op. cit., pp. 311.

causa de los principales vicios y de las desviaciones del obrar humano nacen del hambre, del frío y de la miseria, dice el célebre escritor ruso; si, pues, Dios permite que gran parte del género humano viva en la miseria, entonces está condenando *a priori* a millones de personas. Dostoievsky creía en Dios y sabía que la cuestión no era tan elemental. El problema de la salvación no es una simple cuestión social. El razonamiento es sencillo, aseguradas todas las necesidades sociales, económicas, culturales, laborales, etc., es evidente que no queda garantizada la salvación. El tema es, pues, mucho más complejo, ya que la salvación depende de la donación gratuita, valga la redundancia, de la gracia divina y de la libre aceptación de dicha donación por parte de los seres humanos, así como de la fidelidad a ese asentimiento.

El problema del mal no es, pues, un problema cualquiera en la vida del hombre; y, mucho menos se tratará, en absoluto, de un problema frente al que podamos permanecer indiferentes. La razón es muy simple, según la respuesta que demos al problema del mal cambiará, necesariamente, el sentido de nuestra existencia. Este hecho implica que al hombre le urge encontrar la respuesta al problema del mal. De ahí que sea necesario conocer cuál es la auténtica naturaleza del mal.

XXI

¿QUÉ ES EL MAL?

Para aproximarnos a la intelección de la naturaleza del mal sería conveniente definir qué es el mal. San Agustín[196] y, posteriormente, Santo Tomás[197] definieron el mal como una privación del bien. Para estos autores el mal sería la deficiencia de un bien que debería darse en un sujeto pero que de hecho no se da. Esto significa que el mal, de suyo, no es una substancia, no es un individuo realmente existente, sino que es la carencia de un bien que debería tener un sujeto. El mal es, pues, la ausencia de un bien debido. Para un humano no representa ningún mal carecer de branquias o de alas, ya que no se trata de una característica ontológica que compita a su ser; en cambio, sí lo es la ceguera, pues lo propio de la vista humana es ver, y la ceguera constituye una deficiencia en la visión humana; por eso un hombre que carece de la visión es un ciego, y una piedra o una ameba no.

Ahora bien, la mera ausencia negativa de un bien no constituye de suyo un mal, porque entonces habría que decir que las cosas que no existen son malas, o que toda cosa es mala por

---

196 San Agustín: *Confesiones* III, c. 7, nº 12.
197 Santo Tomás: *De Malo*, q. 1, a. 2.

el hecho de que no tiene el bien que poseen las demás. Ambos casos representarían situaciones absurdas en sí mismas. En efecto, es una estulticia afirmar que los triángulos de cuatro ángulos son malos por el hecho de no existir; o que una mesa es mala porque no es una silla y viceversa. O que los santos que están por nacer son malos porque aún no existen realmente. Por esto mismo, en rigor, solo la ausencia privativa de un bien debido es un mal[198]. Si esto no fuera así podría afirmarse que toda criatura sería mala al menos en un sentido, a saber: en cuanto que está afectada por la finitud. Insistimos en que algo así sería absurdo *per se*.

De este modo puede afirmarse que todo lo que existe, en cuanto es, es bueno. Por eso, el mal no es propiamente *algo* en las cosas, sino que es «la privación de algún bien particular en algo bueno»[199]. Todo lo creado es bueno, y lo es incluso en su limitación y composición. En efecto, la multiplicidad, la composición, la dependencia, no son el Bien, pero son buenas para quien no puede ser bueno si no es de otra forma que siéndolo de este modo.

Solo cuando el bien es algo particular, limitado, puede ser sujeto del mal; y no en cuanto es, sino en cuanto obra defectuosamente. Lo que no es el bien por esencia, sino que participa del bien, está necesariamente compuesto de potencia y acto, y por consiguiente no se identifica con su operación, respecto de la cual se encuentra en potencia activa —proporcionada a su ser— y en potencia pasiva según la perfección a la que su esencia lo destina y que todavía no posee. Es bajo estas circunstancias que un ente puede verse privado de alguna determinación entitativa que le es propia y por ello puede ser sujeto del mal físico o moral, como es el caso del obrar de las criaturas libres e inteligentes.

---

198 Santo Tomás: *Summa Theologiae*; S. Th. I q. 48, a. 3.
199 Cf. Sto. Tomás: *De Malo*, q. 1, a. 1.

El ser, de suyo, es bueno. Por esto, Charles Journet ha sostenido, y creemos que con gran acierto, que: «Quien no entiende la naturaleza del ser no entenderá jamás la naturaleza del mal»[200]. Por esto podemos afirmar que: siendo una privación, el mal nunca es querido por lo que él *es* en sí mismo, sino en cuanto que se presenta ante la voluntad como un bien. Dicho de otro modo, lo atractivo que tiene el mal no es la deficiencia en la que consiste, sino la bondad subjetiva que le presenta al sujeto que realiza el mal y el bienestar que le produce el ejecutarlo.

Al ser una privación, el mal no tiene una entidad autónoma, es decir, no es una substancia. Unas pocas líneas más arriba decíamos que «el mal no es propiamente algo en las cosas»; pues bien, si el mal ni siquiera es «algo en algo», mucho menos será un «algo en sí mismo». Dicho más sencillamente: el mal no es ni una cosa con entidad propia ni una cualidad de ciertas cosas o personas. El mal no es algo en sí mismo, sino la carencia o privación de un bien debido y propio que, por la razón que sea, no se tiene. En este sentido puede decirse que el no poder ver permanentemente es un mal para una persona pero no para una piedra.

En cuanto privación que es, el mal es una carencia de un bien debido que se produce en un sujeto que por naturaleza es poseedor de dicho bien, por tanto, el mal es una deficiencia de algo que de suyo es bueno. Consecuentemente, la magnitud de un mal se medirá siempre según el valor del ser que destruye. Es decir, un mal será mayor cuanto mayor sea el bien del que priva al ente. De ahí que el adagio latino: *corruptio optimi est pessima* encierre una gran verdad. ¿Cuál es, pues, el poder del mal? Ni más ni menos que el mismo que el del bien del que priva al ente en el que inhiere el mal.

Esto significa que el mal absoluto es imposible. De ahí que Carlos Cardona advierta que: «No habría posibilidad del mal donde no hubiese bien, la destrucción del bien eliminaría radi-

---

200 Journet, Charles: *El mal. Estudio teológico*; Ed. Rialp, Madrid, 1965, p. 31.

calmente el mal»[201]. En efecto, la idea de la existencia real de un mal absoluto es contradictoria en sí misma, puesto que implicaría la negación total del bien que, como hemos visto, es el sujeto del mal. Al carecer de un bien que sea sujeto del mal, este desaparece, pues ya no tiene dónde darse.

Todo esto nos lleva a concluir que el mal no es algo que pueda subsistir por sí mismo. Esto significa que no puede existir un mal que sea mal por esencia y por ello constituya la causa de todo mal[202]. No existen, pues, dos principios ontológicos de la realidad, uno bueno y otro malo, como pretende, por ejemplo, el dualismo maniqueo, para quien Ormuz y Arimán personifican, respectivamente, esos polos antitéticos. Este planteamiento, aunque presente una idea seductora por su sencillez de lo que considera que es la naturaleza del mal, representa, en realidad, un enfoque incorrecto de la problemática ontológica que implica esta cuestión.

Así pues, «el mal no tiene ni subsistencia ni substancia»[203]. Solo puede haber mal allí donde el Ser no se encuentra en plena y simplicísima totalidad, donde no es Acto puro de ser; por tanto, solo puede haber mal donde el ser esté participado, es decir, parcialmente poseído.

Dios se comunica (o sea, permite que se participe de su Ser y, con ello, de su Bondad) a todos los entes, y lo hace según un cierto grado que viene determinado por la esencia a través de la cual el ente participa del ser limitándolo. Cualquier deficiencia en la participación de esa bondad en una cosa procede del hecho de que hay en ella como un impedimento a la participación total de esa bondad. Y el primer impedimento es, precisamente, la imposibilidad de recibir la totalidad del Ser, la necesidad de poder tenerlo solo en parte; es decir: participar del ser, pero no ser el ser. La misma distinción y multiplicidad

---

201 Cardona, Carlos: *Metafísica del Bien y del Mal*; op. cit., p. 155.
202 Cf. Sto. Tomás: S. Th. I, q. 48, a. 3.
203 Journet, Charles: *El mal. Estudio teológico*; op. cit., p. 29-30.

de criaturas es querida por Dios, que suple así, de algún modo, la finitud del ser participado con la unidad de orden que tiene el universo, la limitación que cada cosa impone a la comunicación de la bondad divina[204].

Esto implica que el mal será de suyo *estéril*; es decir, el mal no es *operante*. Dicho de otro modo, el mal por sí mismo no actúa, lo que opera es el sujeto en el que inhiere el mal. El mal no puede obrar porque es una privación y no una substancia. Lo que implica que el mal, de suyo, no tiene entidad propia.

Operatu sequitur esse, «el obrar sigue al ser», gustaban decir los escolásticos. En efecto, uno puede hacer aquello para lo que está naturalmente capacitado, pero no aquello para lo que está esencialmente impedido. Pues bien, como el mal es una privación de un bien, no tiene un ser propio, de manera que tampoco tendrá un obrar propio. Al tomar su ser del ser del ente, el mal obrará también en virtud del obrar del ente; de este modo, lo que actuará será un sujeto afectado por el mal. Y esto puede suceder de dos modos: uno, por *incumplimiento*, es decir, habiéndose alterado el principio de acción, su actividad y su efecto sufren no por su obrar, sino por su falta de obrar. Y dos, por *concomitancia*, o sea, que el principio de acción y su actividad permanecen íntegros, pero se mueven hacia un bien que entrañará el mal de otro ser.

---

204 S. Th. I, q. 47, a. 1.

XXII

LA RESPONSABILIDAD DEL SER HUMANO ANTE EL MAL

Ciertamente la existencia del mal puede llevarnos a interrogarnos por la bondad infinita de Dios. Pero también, antes de llegar a ese extremo, en un acto de honradez se puede reconocer que gran parte de los males que azotan al mundo pueden quedar explicados desde la causalidad inmanente propia de la praxis que emana de la voluntad humana. No cabe duda alguna de que el propio hombre es el responsable de muchos de los males que afectan a la humanidad. Así es, el ser humano se basta él solo como causa explicativa de los males morales que achacan a la humanidad. Por tanto, quienes niegan que Dios exista por causa del mal moral que hay en el mundo habrán de reconocer forzosamente que esto es así.

Así pues, ¿cuáles son los grandes males que inquietan al hombre? Los tres grandes azotes que afectan al hombre, *grosso modo*, son: las enfermedades, la guerra y el hambre. Veamos, pues, aunque sea muy brevemente, el grado de responsabilidad que tiene el ser humano en estas cuestiones.

La medicina ha progresado muchísimo y gracias a ella se ha logrado dominar muchas de las enfermedades que limitaban nuestra esperanza de vida. Estos mismos avances tecnológicos en medicina no solo han hecho aumentar nuestra longevidad enormemente, sino que también son los responsables de que haya mejorado notoriamente nuestra calidad de vida. Cierto, pero también es verdad que muchas de las actuales enfermedades que padece el hombre occidental son fruto de su estilo de vida y de sus hábitos alimenticios y sociales. Las enfermedades derivadas de la sobrealimentación, el alcoholismo, el tabaquismo, etc., son males que causan la mayor parte de las muertes naturales en los países occidentales. Los accidentes en los diferentes tipos de transporte son la principal causa de mortalidad entre los jóvenes en cualquier país occidental. Muchas de las enfermedades que se dan en los países subdesarrollados, y que suponen el principal factor de mortalidad entre la población, podrían ser fácilmente erradicadas destinándose los recursos necesarios; recursos que, por otra parte, existen, pero se derrochan en otras partidas presupuestarias tales como las destinadas a sostener carreras armamentísticas o conflictos bélicos locales.

Por lo que toca al hambre, el ser humano posee los recursos alimenticios suficientes para cubrir las necesidades de toda la población actual. Otro tema es que estos recursos estén mal repartidos, o que mientras se derrocha en unos lugares se necesiten en otros; o, como sucede a veces, que haya zonas del planeta en las que no se posee el desarrollo técnico necesario para sacar el partido adecuado que permitiría una explotación racional de los recursos naturales de la zona en cuestión, de manera que pudieran cubrirse las necesidades de la población autóctona.

Finalmente, lo relativo a la guerra es más claro todavía, pues solo el hombre es el responsable absoluto de la misma. Muy pocas veces se dan las condiciones necesarias para que una guerra pueda calificarse como moralmente justa, y cuando se dan solo pueden hacer referencia a uno de los bandos beligerantes. En efecto, en toda guerra siempre ha de haber un causante que sea el responsable moral del conflicto. En el caso de la violencia ejercida a nivel individual o particular aún resulta más evidente la responsabilidad del individuo agresor.

Como de suyo toda causa tiene un orden cierto y determinado a su efecto, no es malo lo que se hace «ordenadamente». El mal sobreviene al obrar esquivando ese orden y, por tanto, el mal solo puede darse cuando algo es capaz de obrar desordenadamente. El mal solo es posible en tanto en cuanto un sujeto puede obrar prescindiendo del orden. En otras palabras, el mal únicamente es posible en la medida en la que se hace causa exclusiva, substrayéndose de alguna manera a la moción de la Causa primera o Causa del ser y, por eso, del bien de los entes. Esto implica que la persona humana, en cuanto que es un ser dotado de libertad, puede, voluntariamente, no aceptar el orden moral objetivo dado por Dios, convirtiéndose, así, en la causa primera de los valores morales que rigen su vida. De este modo el ideal de «hombre autónomo» sustituye en el orden moral a la figura de Dios como causa primera de dicho ordenamiento.

El ser humano, en cuanto ser razonable que es, debe obrar según la norma de la razón, que es en él la impronta de la ley eterna. Su acto libre es moralmente bueno si está conforme a la regulación de la razón y le aproxima a su fin último, y es moralmente malo si está privado de esta regulación y le aleja de su fin último. En esto consiste el mal de culpa, que siendo un desorden acaba por entrar en conflicto con el orden y por provocar así el mal de pena.

XXIII

EL MAL EN LA NATURALEZA

Es evidente que el hombre no es el causante de todo el mal que hay en el mundo. Las fuerzas de la naturaleza hacen sentir frecuentemente su pesar en el ser humano, y no nos referimos solamente a las de orden telúrico (terremotos, incendios, inundaciones, tornados, etc.), sino que resulta evidente que no siempre acierta la naturaleza al transmitir la información genética, de modo que una mutación en un gen puede marcar la vida de una persona de una forma realmente dramática.

Pero también es evidente que el ser humano sí es el responsable directo de muchos de los males que causan tanto sufrimiento a sus congéneres. Pueden esgrimirse todos los atenuantes que se quiera y, ciertamente, muchos de ellos serán totalmente lícitos y no solamente perfectamente comprensibles. Muchos de estos atenuantes son totalmente válidos, pero la realidad sigue siendo que la explicación de gran parte de los males que sufre el ser humano está en sus propias manos. Por ello debe madurar y, en un acto de autenticidad, hacerse responsable de sus actos y asumir que no puede culpar a Dios de aquello que ha sucedido en virtud del libre obrar de la acción humana.

Tampoco se le puede reprochar a Dios el mal que para el hombre se desprende de la acción de la naturaleza sobre él. Hoy conocemos perfectamente cuáles son las zonas de mayor riesgo sísmico del planeta y, sin embargo, muchas de estas áreas están densamente pobladas. Después del trágico tsunami del 26 de diciembre del año 2004 (y ya antes), los expertos abogan por no poblar las zonas costeras en las áreas de alto riesgo de maremotos. Pero ¿habrá algún gobierno que lleve a cabo este consejo? Tras el terremoto, el incendio y el posterior tsunami que arrasaron una gran parte de Lisboa el 1 de noviembre de 1755, hubo ilustrados que lo presentaron como un ejemplo de la imposibilidad de la existencia de Dios. La razón ilustrada es hoy en día más refinada y ya no acusa a Dios de estos males, pues reconoce que en el presente tenemos los conocimientos suficientes como para saber sobre qué terreno se puede urbanizar con mayor o menor riesgo. Vemos cómo un terremoto en una ciudad japonesa suele tener muchísimas menos repercusiones en cuanto a víctimas humanas y daños físicos que en una ciudad iraní, pongamos por caso. Y la razón de ello es evidente.

Podría objetarse que antaño no existían tales conocimientos y, en cambio, Dios permitía que el hombre se asentara en dichas zonas. A esto puede responderse que es totalmente coherente que un ente finito tenga una inteligencia finita y en ningún caso estaba Dios obligado a crear al ser humano con una inteligencia infinita, de tal manera que pudiendo conocerlo todo evite los males que pueden derivarse de su relación con la naturaleza. Además, puede alegarse que lo adecuado a la naturaleza humana, en cuanto que participa del modo de ser propio de los entes sensibles, es desgastarse biológicamente y sufrir dolor cuando el ser humano es afectado por la acción de ciertos agentes externos. En cualquier caso, el mal de la naturaleza siempre significa que se hace en aras de un bien.

XXIV

EL MAL COMO INJUSTICIA

El mal como injusticia representa la cúspide de la incomprensión. En efecto, el problema del mal emerge con toda su magnitud cuando entramos en el terreno del mal que sufre el ser humano de un modo totalmente injusto. Ciertamente el hombre es un ente natural, pero no se reduce solo a ello; además es una persona, lo que significa que tiene una dignidad ontológica que le coloca en un lugar determinado en la escala del ser. En efecto, tanto es así que parece como si la existencia del hombre fuera la que confiere sentido a la creación material. Incluso entre la ciencia se ha propagado esta idea, llegando a adquirir la forma de teoría científica, presentándose con dos formulaciones: la fuerte y la débil; nos estamos refiriendo al *principio antrópico*. No pretendemos ahora dirimir el valor filosófico de esta teoría, y mucho menos el científico, en cualquiera de sus dos formulaciones, simplemente queremos limitarnos a dejar constancia de la existencia de este principio.

Cuando un ser humano sufre injustamente no se puede soslayar la cuestión aludiendo al orden global del cosmos. Es decir, no sirve pasar de puntillas sobre el tema alegando que ese mal es en aras de algún bien. ¿Cómo compatibilizar, pues, la existencia de un Dios infinitamente bueno y poderoso, que es creador del hombre, con la innegable realidad de la existencia de un mal que hace sufrir injustamente a criaturas amadas por ese Dios?

El dilema es clásico: o Dios puede evitar ese mal pero no lo quiere hacer, o quiere evitarlo pero no puede. En ambos casos la dignidad ontológica de Dios se resiente, ya que en la primera tesitura quedaría cuestionada su infinita bondad, y en la segunda se pondría en entredicho su omnipotencia. De la correcta solución a este dilema puede depender en muchas personas su posicionamiento teórico frente a Dios. La actitud práctica es más compleja y depende de una intrincada multiplicidad de factores.

El caso de Albert Camus es paradigmático de todo cuanto venimos diciendo. Su ateísmo se basa en la objeción moral contra la existencia de Dios derivada de la incompatibilidad de esta con la existencia del mal en el mundo. Creemos, por tanto, que merece la pena analizar con detenimiento la postura de este pensador existencialista ateo para ver la estructura y el valor objetivo de este argumento. Jean Paul Sartre y Albert Camus representan, en los anales de la literatura filosófica del siglo XX, las dos figuras más notorias en la protesta contra el absurdo que supone el sufrimiento de los inocentes.

Lo primero que podemos experimentar en la obra de Camus es una contradicción entre la raíz volitiva e indiferentista de su ateísmo (encarnada por *Meursault*, el ya citado protagonista de su famosa novela titulada *El extranjero*) y el vigor y el ardor con el que *Rieux* (el personaje principal de otra célebre novela del afamado escritor francés: *La peste*) niega a Dios por considerarlo incompatible con el sufrimiento injusto de los niños inocentes. La contradicción se percibe con mayor nitidez si se tiene en cuenta que tanto Meursault como Rieux representan al propio Camus, tal como él mismo reconoce explícitamente.

Los personajes principales de las novelas de Camus suelen representar las ideas del autor. Así, en *Carnets 2* afirma que:

«Tres personajes entraron en la composición de *El extranjero*: dos hombres (uno de ellos yo mismo) y una mujer»[205]. Evidentemente, en *El extranjero*, el personaje que encarna las ideas del propio Camus es Meursault; en *La peste* ese papel lo desempeñará Rieux; y en *La caída* será Jean-Baptiste Clamence. En su obra póstuma, titulada *El Primer Hombre*[206], el pensamiento de Camus también está representado por el personaje principal, Jacques Cormery.

Para Camus resulta totalmente incompatible la existencia de un Dios que es Amor y también Padre bondadoso, con el dolor y el sufrimiento humano; principalmente el de los justos, los inocentes y los niños. Esto es lo que le ha llevado a Morvan Lebesque a afirmar que: «Por más que lo quiera, [Camus] no puede concebir que el amor admita el mal»[207].

En la ciudad de Argel se declara una epidemia de peste que provoca la muerte de numerosas personas[208]; frente a esta tragedia Rieux (Camus) niega tajantemente que el sufrimiento y el dolor puedan tener un valor corredentor[209].

Ante la muerte de un niño pequeño que no había tenido tiempo de hacer mal alguno, el médico Rieux se revuelve con-

---

205 Camus, A.: *Carnets 2*; Alianza Editorial, Madrid, 1985, p. 178.

206 Obra en la que estaba trabajando cuando un trágico accidente de automóvil le segó la vida prematuramente.

207 Lebesque, M.: *Albert Camus*; Edicions 62, Barcelona, 1992, p. 136.

208 «Esta dicha que nos venía de fuera y que golpeaba a una ciudad entera no nos traía solo un sufrimiento injusto con el que pudiéramos indignarnos» (Camus, A.: *La caída*; op. cit., p. 122).

209 «Piensa usted, como Paneloux, que la peste tiene su lado bueno, que abre los ojos, ¡que obliga a pensar! El doctor meneó la cabeza con impaciencia. Como todas las enfermedades. Pero lo que es verdad respecto de los males de este mundo es también verdad respecto de la peste. Puede servir para hacer mejores a algunos. No obstante, cuando se ve la miseria y el dolor que trae hay que ser cobarde, loco o ciego para resignarse a la peste»; reflexiona Rieux. (Camus, A.: *La caída*; op. cit., p. 152).

tra las palabras de consuelo del sacerdote[210] y le dice vehementemente: «Este, por lo menos, era inocente. Rehusaré hasta la muerte amar esta creación donde los niños son torturados»[211].

Herbert R. Lottman nos cuenta una anécdota de la vida de Camus que nos puede ayudar a comprender mejor estas declaraciones: «Un día [en torno a 1931], al bajar de Bouzaréah, fueron testigos de un accidente. Un niño musulmán había sido atropellado por un autobús y parecía estar en coma. Contemplaron a la muchedumbre compacta y escucharon las lamentaciones en lengua árabe mientras pudieron soportarlas. Al alejarse, Camus se volvió hacia el paisaje de mar y de cielo azul. Extendiendo un dedo hacia el cielo, declaró: "Ves, se calla". Fouchet estaba convencido de que Camus no oponía ninguna objeción fundamental a la religión, pero le parecía intolerable la situación del hombre frente al sufrimiento y la muerte, solo frente al silencio del cielo»[212].

Esta idea la repetirá Camus en varias ocasiones; así en *Carnets 2* afirmará que frente al sufrimiento humano, «el cielo está mudo»[213]. Según el afamado escritor francés, ante el dolor humano, Dios «está sordo, le digo que está sordo y mudo como una tumba»[214]. Su obra teatral *El malentendido* acaba precisamente así. Desesperada por el crimen absurdo que acaba de cometer, María implora auxilio a Dios. Marta, en cambio, le aconseja que para aplacar sus remordimientos haga como Dios hace con los lamentos de los inocentes que padecen la injusticia

---

210 Así pues, vemos aquí representado el pseudoconflicto maniqueo entre ciencia y religión, como si fuesen dos realidades incompatibles. No en vano cuando Paneloux le dice a Rieux que: «Usted también trabaja por la salvación del hombre», este le contesta: «La salvación del hombre es una expresión demasiado alta para mí» (*Ibidem*; pp. 207-208).

211 *Ibidem*; p. 207.

212 Lottman, Herbert R: *Albert Camus*; Ed. Taurus; Madrid; 1987; pp. 64-65.

213 Camus, A.: *Carnets 2*; op. cit., p. 211.

214 *Ibidem*; p. 200.

del mal en el mundo: «Haga como él, vuélvase sorda a todos los gritos»[215].

Rieux, que, recordemos, es la encarnación literaria del propio Camus en su novela titulada *La peste*, confiesa abiertamente que: «Lo que odio es el mal y la muerte»[216]. Estas declaraciones de Rieux coinciden con el espíritu del propio Camus, algo que nos pone de manifiesto una carta a Jean Grenier en la que, coincidiendo con las fechas de su adhesión al Partido Comunista, le confiesa que: «Tengo un deseo tan fuerte de ver disminuir la suma de desgracias y de amargura que envenena a los hombres»[217]. En *Carnets 2* afirmará que: «A pesar de mi repugnancia, el sufrimiento es un hecho»[218]. Y en su obra *Calígula*, este confiesa que ha descubierto «una verdad muy sencilla y muy clara, algo tonta, pero difícil de descubrir y pesada de llevar... Los hombres mueren y no son felices»[219]. En *El Estado de sitio* Camus exaltará la felicidad poniendo en boca del coro estas palabras: «¡Qué importa lo demás; la felicidad es nuestro orgullo!»[220].

Así pues, para Albert Camus la rebeldía ante Dios y, concomitantemente, su indiferencia por la religión, tienen como fuente principal su rotundo rechazo al sufrimiento injusto de los inocentes. En este sentido el filósofo francés se erige como uno de los principales representantes de una gran masa de personas que en la actualidad siguen viendo en la existencia del mal una objeción moral contra la existencia real de Dios. De este modo, el ateísmo de Camus es la viva expresión de una

---

215 Camus, A.: *El mal entendido*; Alianza Editorial, Madrid, 1982, p. 93.

216 Camus, A.: *La peste*; Summa Literaria, Vol. IV, Ed. Seix Barral, Barcelona, 1985, p. 208.

217 Lottman, Herbert R.: *Albert Camus;* op. cit.; p. 101.

218 Camus, A.: *Carnets 2*; op. cit., p. 221.

219 Camus, A.: *Calígula*; Summa Literaria, Vol. IV, Ed. Seix Barral, Barcelona, 1985, p. 435.

220 Camus, A.: *El Estado de sitio*; *Summa Literaria*, Vol. IV, Ed. Seix Barral, Barcelona, 1985, p. 551.

voluntad que no quiere aceptar la compatibilidad entre la experiencia cotidiana, que es real y objetiva, del mal injustamente padecido por los inocentes, y la idea de la existencia también real y objetiva de un Dios omnipotente, omnisciente e infinitamente bueno. En este sentido Camus sigue vivo entre nosotros.

El Premio Novel francés no es el único pensador que ve incompatibles la existencia de Dios y el mal. En efecto, el pensamiento de Sartre en torno al mal, la libertad y la existencia de Dios presenta un contenido muy similar al de Camus. Algo parecido podría decirse de las ideas de la novelista Simone de Beauvoir; no es de extrañar, puesto que los tres se erigieron en los grandes iconos del existencialismo ateo. El estudio del fundamento filosófico del ateísmo de estos tres pensadores lo abordaremos en otra obra.

XXV

LA RAZÓN NATURAL ANTE EL PROBLEMA DEL MAL

¿La existencia del sufrimiento injusto del inocente es realmente algo absurdo? ¿Qué luz puede aportar la razón natural al esclarecimiento del misterio del mal? ¿Representan la postura de Sartre, Camus o Simone de Beauvoir el posicionamiento más correcto en esta cuestión? O, por el contrario, ¿puede este hecho recibir algún tipo de inteligibilidad desde el uso natural de la razón humana, de tal manera que nos podamos abrir a la esperanza de la superación del absurdo existencial representado por los citados autores?

Una posible hipótesis de trabajo pudiera ser la de abordar el problema del mal desde las solas luces de la razón natural. En este sentido las aportaciones de Jean Paul Sartre y Albert Camus son ilustrativas pues, con gran lucidez, se han dado cuenta de que la inteligibilidad del problema desde esta perspectiva es nula. Según estos autores la razón humana, desde su horizonte puramente natural, no puede resolver el problema del mal; de modo que la realidad queda definitivamente sumida en el misterio, lo que a nivel práctico se traduce en que el mal es una realidad absurda con la que el hombre ha de convivir y, tarde o temprano, padecer. Desde las filosofías existencialistas de estos autores el hombre ha de vivir una vida absurda rodeada de problemas a los que jamás podrá dar sentido mediante una respuesta racional. Uno de esos problemas es el del mal, problema que ha de ser vivido con toda la fuerza y el drama de su irracionalidad.

Aceptando la mayor, que la razón natural humana no puede dar cuenta de la realidad del mal, hay quienes podrían convertirse en acompañantes circunstanciales de los autores antes citados, recorriendo junto a ellos parte del camino. Pero el destino es inevitablemente divergente. Mientras que Sartre y Camus encuentran en la existencia absurda el término del trayecto, otras voces afirman, creemos que con buen tino, que siendo cierto que la razón humana por las solas fuerzas de su luz natural no puede solucionar el problema del mal, sí podría lograr entenderlo mediante el auxilio de un conocimiento suprarracional, que no por ello pasa a ser irracional. En tales circunstancias, para poder entender el problema del mal, aunque solo sea someramente, el hombre debería recurrir a los datos de la revelación sobrenatural.

En efecto, la razón, recurriendo solamente a sus luces naturales, no puede dar una respuesta definitiva y acabada al problema de la existencia del mal, pero sí puede advertir que tampoco es de evidencia inmediata la incompatibilidad entre la existencia del mal y la existencia de Dios. El problema de esa presunta incompatibilidad no es tan simple y no puede eliminarse de un plumazo alegando que un Dios bueno, omnisciente y omnipotente no puede coexistir con ninguna forma de mal. La cuestión es muy sencilla, la afirmación «La existencia del mal es una realidad que elimina la hipótesis de la existencia de Dios» suscita, *ipso facto*, un interrogante radical y fundamental: ¿cuál es, pues, el fundamento ontológico del ente? Esta es la cuestión fundamental. Camus y Sartre responderían, precisamente, que «no hay respuesta», dirían que el ente es algo realmente existente, pero que carece de explicación fundamental. No pudiendo dar ninguna razón explicativa que justifique la realidad de su ser, la realidad en su conjunto, es decir, en cuanto tal, se revela absurda, incluyendo en ese absurdo la vida del hombre. Por ello declara Sartre que todo proyecto humano es una pasión inútil, lo que hace que el hombre en cuanto tal también lo sea.

Si la existencia del mal suprime la existencia de Dios, entonces la contingencia del ente emerge con todo su vigor y nos aboca al absurdo. Eliminado Dios de la ecuación, solo quedará en pie una explicación autocausal del ser del ente. Pero al ser una opción lógica y ontológicamente imposible (en efecto, el mismo sujeto debería ser y no-ser, al mismo tiempo y en el mismo sentido), se deberá descartar por absurda. Como hemos decidido descartar *ex hipothesis* una causalidad trascendente, pues suprimido Dios no queda nada más allá de la inmanencia del ente, nos encontraremos con el absurdo, ya que no hay una explicación satisfactoria de por qué el ente es.

Suprimido el horizonte ontológico, no queda nada que pueda trascender la naturaleza de lo óntico. Negada la existencia de un fundamento absoluto y trascendente, la contingencia queda sin explicar; entonces, el mundo se torna absurdo y la existencia humana se convierte en un deambular carente de sentido. Si la existencia del mal anula la hipótesis de Dios, entonces Sartre y Camus tienen razón. Pero la cuestión es precisamente esta: ¿realmente son incompatibles la existencia del mal y la existencia de Dios? Y, por ende: ¿tienen razón Sartre y Camus al afirmar que la vida humana es absurda y carente de significado *per se*?

XXVI

Las aportaciones de la razón natural

Aceptando la distinción que hace Gabriel Marcel entre *problema* y *misterio*, y a la que aludimos anteriormente (al hablar del problema esencial del hombre esencial), cabría decir que ante la razón humana el mal aparece más como un *misterio* que como un *problema*. En efecto, el «problema» es algo que se objetiva frente a mí, está *ante mí* y precisamente por ello no afecta a mi vida de un modo radical y profundo. El «misterio», en cambio, es algo que me envuelve implicando a mi vida de un modo esencial, es algo que está *en mí*[221]. Esto le ha llevado a Luis González Carvajal a afirmar, creemos que con bastante acierto, que: «La existencia del mal no es un problema —algo cuya solución todavía desconocemos pero que podemos hallarla si nos dedicamos a ello con interés—, sino un misterio, el *mysterium iniquitatis* (2 Tes 2,7), algo que nunca podremos comprender en este mundo»[222]. El teólogo Michael

---

221 Cf. Marcel, G.: *El misterio del ser*; op. cit.; Cf., también, Carmona, Feliciano Blázquez: *Gabriel Marcel*; op. cit., pp. 111-116.

222 González Carvajal, L.: op. cit.; p. 77.

Schmaus también reconoce que el mal es una «cuestión que implica un impenetrable misterio»[223].

Ahora bien, es cierto que la razón natural no puede solucionar de un modo completo el problema del mal, pero también lo es que sí que es capaz de encontrar algunos elementos de inteligibilidad que le puedan poner en el itinerario que le permitirá comprender parte del misterio del mal.

En efecto, vimos anteriormente que el mal consistía en una privación del bien debido. La naturaleza del mal es privativa y no substantiva. Esto significa que el mal no puede subsistir por sí mismo, sino que necesita la existencia del bien para poder darse. El mal necesita que el bien le preexista, pues el mal solo puede existir si previamente existe la naturaleza del bien. Es decir, el mal solo se presenta cuando un bien debido, por la razón que sea, no se da.

El mal no es, pues, una realidad primaria ni simultánea, es una realidad secundaria y derivada que debe su ser a una carencia. En realidad, el mal no es mal, sino «menos bien»; o lo que es lo mismo, un ente que debiera contar con una serie de perfecciones existe, pero carece de alguna de las que por naturaleza le compete, o la tiene, pero en un grado de intensidad menor al que podría considerarse normal.

La primera consecuencia que se puede extraer de lo dicho es que la existencia de un mal absoluto es algo totalmente imposible. Si el mal existiera en un grado absoluto (es decir, si existiera de forma substantiva) se autodestruiría, ya que, al ser una privación de un bien, si desapareciera todo bien, el mal no podría darse. Esto significa que el mal siempre necesita de un sujeto en el cual poder darse y ese sujeto ya supone el bien. El mal siempre es relativo a una carencia referente a alguna categoría del ente, pero esa deficiencia categorial nunca anula a las restantes categorías y mucho menos al sujeto de estas.

---

223 Schmaus, M.: op. cit.; p. 659.

Es por esto que se puede afirmar que el mal no es una realidad propia, sino un signo de imperfección en el ente. Pero si el mal se realizara de un modo absoluto no existiría ningún ente y, por lo tanto, no habría realidad alguna; con lo cual, habría desaparecido hasta el propio mal absoluto. Pero la experiencia muestra que la realidad existe, lo que significa que no existe el mal absoluto. Digamos, pues, que se trata de una cuestión regida por el principio del tercer excluido: de modo que, si la realidad existe (y es evidente que es así), el mal absoluto no puede existir; y si el mal absoluto existe, la realidad no podría existir (algo que contradice nuestra experiencia). O sea, si se da un término, no se puede dar el otro sin que exista una tercera opción.

La naturaleza privativa del mal implica necesariamente la existencia de un ente en el cual se pueda dar el mal, siendo aquel el sujeto de este. Por consiguiente, se puede afirmar que el mal no anula la existencia del ente; al contrario, la reclama como esencial a su naturaleza y como condición necesaria de su poder ser. Esto significa que la existencia del ente contingente, por muy defectuosa que sea (es decir, por mucho mal que haya en el mundo), ha de explicarse.

La existencia del ente contingente reclama la existencia de una causa fundamental explicativa que sea necesaria y absoluta. Y esta, desde el punto de vista filosófico, es Dios. Es muy importante percatarse de que: desde la necesidad explicativa de la contingencia del ser del ente se puede afirmar que la existencia del mal, en cuanto que manifiesta la existencia del ente contingente, reclama la existencia de una causa trascendente del ser del ente. Así pues, la existencia del mal no solo no es incompatible con la existencia de Dios, sino que, en cuanto que el mal supone la existencia del ente contingente, reclama necesariamente la existencia de Dios, ya que Este es la causa última del ser del ente.

XXVII

¿POR QUÉ PERMITE DIOS EL MAL?

Acabamos de ver que, por paradójico que pueda parecer, lejos de ser la existencia del mal un argumento en favor del ateísmo (tal y como siguen afirmando algunos, después de siglos de refutada esa objeción), es un camino para el conocimiento de Dios, como Bien infinito y Creador. Autor libre del ser de la criatura, Dios es el fundamento último de la existencia del ente, por lo que el mal, al necesitar del ente para existir, es una prueba de que Dios existe (como Causa última del ente).

A la cuestión de «si Dios existe, ¿entonces de dónde viene el mal?», Santo Tomás responde con sencillez, observando que lo que hay que hacer es, precisamente, invertir radicalmente los términos y afirmar que: si existe el mal, es que Dios existe. De aquí que pueda decirse que «la presencia del mal en el mundo, lejos de clamar contra Dios, postula su existencia»[224].

No habría mal una vez quitado el orden del bien, en cuya privación el mal consiste; y no habría ese orden final si Dios no existiese. Es más, sin el conocimiento de Dios no tendríamos

---

224 Juan de Sahagún: Op. cit., p. 275.

siquiera la noción propia del mal[225]. Santo Tomás de Aquino expresa estas mismas ideas con las siguientes palabras: «Si Dios existe, ¿de dónde vienen los males? La respuesta es, al contrario: si el mal existe, Dios existe. No hay mal sin bien, cuya privación es el mal. Y sin Dios, este bien no existiría»[226].

Pero el problema no ha quedado resuelto. Ha sido acotado, que es algo distinto a resolverlo. Es más, lo hemos reconducido. Profundizando en el estudio del mal se puede hacer un gran descubrimiento: se puede comprender que la existencia del mal no es, sin más, motivo suficiente para poder negar la existencia de Dios. De modo que hemos podido ver cómo la existencia del mal no es, *a priori*, incompatible con la existencia de Dios. Pero esto no significa haber zanjado la cuestión.

En efecto, sigue en pie, todavía, una dificultad que no puede soslayarse: si el mal existe y Dios existe, ¿por qué permite Dios que el mal azote a criaturas que dice amar, cuando podría evitarlo fácilmente ya que es omnipotente? La razón humana, con las solas fuerzas de su luz natural, no puede responder a esta cuestión, pero sí puede afirmar con toda certeza que la realidad de la existencia del mal no invalida la realidad de la existencia de Dios; es más, se puede afirmar, con certeza, que la reclama de un modo necesario.

Hagamos una breve recapitulación sobre lo que llevamos dicho acerca de la cuestión metafísica del mal. Hemos empezado viendo como la coexistencia del mal con la idea de la existencia real de un Dios bondadoso y omnipotente es causa de escándalo para una conciencia mínimamente empática. Hemos

---

225 Por esto afirma Carlos Cardona que: «Para conocer el mal moral —y para discernir así entre el bien y el verdadero mal— es necesario haber llegado antes a algún conocimiento de Dios, infinita y absolutamente bueno, de donde se toma la medida o proporción que hace bueno un acto humano o la desproporción que lo hace malo. El estudio metafísico del mal es posterior al estudio del conocimiento de Dios. De ahí que la *Quaestio disputata De Malo* sea una de las obras más tardías y profundas de Santo Tomás» (Cardona, C.: *Metafísica del Bien y del Mal*; op. cit., p. 152).

226 Santo Tomás de Aquino: *Suma Contra Gentiles*; III, 71.

continuado viendo como ese escándalo ha llevado a negar la existencia real de dicho Dios; negación que nos ha conducido hasta la afirmación del absurdo de la existencia en general y de la humana en particular. Pero un análisis de la naturaleza del mal nos ha revelado la necesidad ontológica de la existencia de Dios en cuanto que Él es la causa del ser del ente. También hemos visto que el mal no es algo substantivo en sí mismo, sino que necesita al ente para poder existir. De modo que, si afirmamos que el mal niega la existencia de Dios, resultará que con Él desaparecerá el ente y con este el mal. Con lo que nos encontramos con la paradoja de que sin Dios no podría existir el mal; pero no porque Dios sea la causa del mal, sino porque Dios es la causa del ser del ente necesariamente requerido por el mal para poder existir. Por este motivo ha afirmado Charles Journet que: «El movimiento de la inteligencia que se eleva hasta Dios permanece intacto por grande que sea el mal en el mundo. Bajo el mal se revela siempre el ser contingente y se podría decir, sin paradoja de pensamiento, que el mal *prueba la existencia de Dios.* El mal descubre la existencia de un sujeto contingente, el cual postula la existencia del Absoluto»[227].

Ahora bien, esto no hace que el misterio del mal haya desaparecido; de hecho, sigue en pie con todo su vigor. Dios existe, esto es cierto, pero entonces… ¿por qué permite que criaturas amadas por Él sufran la laceración del mal?

Si Dios existe y no es la causa del mal pero, pese a su omnipotencia, permite que el mal exista y deje la huella de su pesar en personas amadas por Dios, la tarea que se impone es tratar de averiguar por qué esto es así. Pero esta cuestión ya no puede resolverla la razón humana dependiendo de sus solas fuerzas, sino que necesita interrogar al propio Dios; no directamente, es cierto, sino viendo si Este ha dicho algo sobre el tema. Es decir, en última instancia, si la razón humana quiere comprender el misterio del mal, necesita acudir al dato revelado para ver si

---

227 Journet, Charles: *El mal. Estudio teológico*; op. cit.; p. 52.

Dios ha dado allí alguna pista que pueda tornar inteligible el sentido del misterio del mal.

La razón sabe que Dios existe, pues es el fundamento ontológico necesario de la totalidad de la realidad; pero la razón sabe que ella por sí sola no es capaz de desentrañar el misterio del mal, ya que no puede encontrarle por sí misma sentido a la compatibilidad entre la existencia del mal y la existencia real de un Dios omnipotente e infinitamente bondadoso. Lo razonable, pues, es averiguar si ese Dios que existe se ha manifestado; y si lo ha hecho, se deberá analizar minuciosamente su λόγος, su *palabra* revelada, para ver si ha dado alguna pista que nos permita encontrar sentido a la existencia del mal.

Podemos pensar que, si un ser amado por Dios tuviera que padecer, contra su voluntad, el peso del mal, entonces no tendríamos por qué creer en ese Dios. Si el sufrimiento del mal que no ha sido elegido voluntariamente tuviera la última palabra, entonces la creencia en Dios se tornaría realmente cuestionable. Pero si el mal padecido sin voluntaria elección no es algo que se haya de sufrir permanentemente y si Dios es capaz de sacar de ese mal un bien mayor, entonces la omnipotencia y la infinita bondad de Dios dejarían de ser incompatibles con la existencia real del mal. El mal no perdería totalmente su carácter misterioso, pero se tornaría más inteligible y con ello más soportable pues, parafraseando a Nietzsche: cuando se sabe el *porqué* se hace más llevadero el *cómo*.

Así pues, la razón humana movida por su afán de comprender el misterio del mal es llevada hacia el terreno del dato revelado a fin de poder dar un cumplimiento satisfactorio a dicho afán natural. A este respecto comenta J. Daniélou que: «El mal aparece como uno de esos problemas límites que implica la vocación sobrenatural del hombre, en tal forma que escapan a una interpretación puramente racional»[228]. Si se nos per-

---

228 Daniélou, J.: «La teología del mal frente al ateísmo»; en: *El ateísmo contemporáneo*; VV. AA., op. cit.; p. 320.

mite matizar ligeramente al profesor Daniélou diríamos que el mal impone unos límites que escapan a una interpretación «puramente de razón natural», aunque sí exige una explicación racional.

Si se analiza el sentido del mal desde la perspectiva de la teología católica, el estudio del dato revelado nos permite afirmar que Dios no quiso en ningún momento el sufrimiento del hombre; por lo que este es la causa del pecado y del dolor. Ahora bien, el mal injusto no tiene la última palabra sobre el destino del hombre, ya que Dios tolera la existencia del mal para poder extraer de él bienes. De este modo, el único mal verdadero para el hombre es el mal moral. Establecidos estos cinco principios se impone como tarea preceptiva el análisis detallado de sus contenidos, una tarea que abordaremos en los siguientes capítulos.

XXVIII

DIOS NO QUISO EN NINGÚN MOMENTO EL SUFRIMIENTO DEL HOMBRE

La infinita bondad de Dios hace que no pueda querer el dolor humano por sí mismo. En efecto. El libro del Génesis nos muestra desde el principio una tesis categórica: Dios no quiso para el hombre ni el mal ni el sufrimiento. Así es, ya que le libró, incluso, de algo tan dramático como la muerte. Y todo ello de forma gratuita, pues a la naturaleza humana, en cuanto sensible, le compete tanto el dolor físico como la muerte y, en cuanto sujeto de una voluntad finita, le es propio incluso el dolor moral; pues no siendo infinitas ni la inteligencia ni la voluntad humanas, le es propio al hombre errar, y al ser consciente de la falibilidad de algunas acciones siente pesar por el bien que debiera haber hecho pero no hizo, o por el mal que no debiera haber hecho y, en cambio, sí realizó. Esto, tan propio de la naturaleza humana, no se dio en la primera pareja humana en virtud de una serie de dones llamados preternaturales.

El dolor físico, incluso la muerte, es algo tan consubstancial a la condición biológica del ser humano, que ningún agnóstico y ningún ateo ven en estos hechos, en cuanto tales, ningún tipo de objeción. El problema surge cuando, junto a estas realidades, queremos afirmar la existencia de un Dios totalmente bondadoso que podría evitar estos acontecimientos, pero no lo hace.

Para entender esta cuestión debemos tener presente, en primer lugar, que Dios, al crear al hombre, quiso que participara de la felicidad suprema. Quiso que el hombre fuera todo lo feliz que puede llegar a serlo una criatura racional. Pero no se limitó a reservarle una felicidad natural completa, algo que por sí mismo ya habría sido un gran regalo, sino que, de una forma totalmente gratuita, lo elevó a un orden superior para que pudiera participar de una felicidad aún mayor, una felicidad de carácter sobrenatural que estribaba en la fruición directa del propio Dios. Para salvar el abismo que media entre la naturaleza humana y el nuevo estado al que se eleva al hombre[229], Dios le regaló una serie de dones preternaturales entre los que estaban la impasibilidad y la inmortalidad del cuerpo.

Cabe recordar aquí que la inmortalidad del alma humana no es ningún regalo, sino algo propio de su naturaleza intelectual y voliente. Incluso el trabajo humano no representó ningún castigo. Es un error concebir la vida edénica como una actividad ociosa y hedónica. Muy por el contrario, el trabajo entró desde un principio en los planes de Dios para con el hombre. En efecto, el Génesis narra cómo Dios creó al hombre y a continuación le prescribe que cuide el jardín del Edén y que, mediante su trabajo, lo cultive, es decir, lo transforme[230]. La finalidad original del trabajo era, pues, la de ayudar al hombre a su propia realización haciéndolo copartícipe de la creación. El trabajo era la posibilidad que tenía el hombre de cooperar con

---

229 «Nuevo» en cuanto al orden superior al que es elevada la naturaleza humana, pero no es nuevo en cuanto a que sucediera en el tiempo a otro estadio anterior, pues el Génesis nos narra que el hombre no fue creado primero en estado de naturaleza y posteriormente se le elevó a un orden superior, sino que en el mismo momento de su creación se le dieron una serie de dones preternaturales que elevaban su naturaleza.

230 «Tomó, pues, Yahvé Dios al hombre, y lo puso en el jardín del Edén para que lo cultivase y guardase» (Gen. 2, 15).

la creación de Dios orientándola hacia el servicio del hombre. Así pues, el trabajo aparece como la realización de una armonía perfecta entre el hombre y la naturaleza. De este modo, el trabajo no es un mal derivado de un castigo divino impuesto tras la expulsión del Edén, sino la llamada a una vocación digna de la inteligencia del hombre. Una de las consecuencias del pecado no fue el trabajo, sino la fatiga en el mismo al perderse el don preternatural de la impasibilidad.

XXIX

EL HOMBRE ES LA CAUSA DEL PECADO Y EL DOLOR

Dios no es la causa del dolor y del sufrimiento de la humanidad, sino que lo es el hombre, por haber introducido el pecado en la creación a través de un mal uso de su libertad. La revelación nos muestra que el dolor y el sufrimiento no van, necesariamente, ligados a errores morales personales. Este es, precisamente, el punto en el que se suscitan los conflictos, pues tanto el agnóstico como el ateo comprenden que el hombre debe pagar por lo que hace. Pero padecer las culpas y cargar con los sufrimientos acarreados por acciones cometidas por otros se le antoja a la razón como algo absolutamente injusto.

La cuestión clave es, pues, comprender ¿cómo puede justificarse que la humanidad futura deba sufrir por una falta cometida por la primera pareja? La respuesta racional, que hace inteligible el sentido de dicho sufrimiento y su coherencia con la existencia de un Dios infinitamente bueno, nos orienta hacia una dirección muy concreta: la gravedad de las consecuencias ha de ser, en buena lógica, un indicio de la magnitud de la falta. Si la humanidad sufre aún las consecuencias del pecado original es porque debió de tratarse de una ofensa gravísima contra Dios.

En efecto, el libro del Génesis detalla cuál fue dicha falta[231], que no consistió sino en querer ser como Dios. Mediante la exaltación de su orgullo el hombre quiso ser como Dios: creador de los valores morales absolutos que debían orientar su vida, ante la imposibilidad de ser el creador ontológico de sí mismo, el hombre sucumbió a la tentación de arrogarse la creación de su propio fin. Considerando absolutamente autónoma su libertad, el hombre se convirtió en el creador absoluto de su autoproyecto. Las consecuencias de este rechazo de Dios, de esta falta de amor hacia el creador, debían ser proporcionales al daño infligido. Pero a tenor de lo contenido en el dato revelado podemos afirmar que no fue así, sino que Dios, que no puede dejarse ganar en generosidad, se negó a aplicar la justicia

---

231 En alguna ocasión se ha planteado la tesis que sostiene que el pecado original fue de naturaleza sexual. Esta tesis queda rebatida por el propio Génesis. En efecto, después de haber creado Dios todos los animales acuáticos y terrestres, así como las aves, decidió crear al hombre y «Díjose entonces Dios: "Hagamos al hombre a nuestra imagen y a nuestra semejanza, para que domine sobre la tierra". Y creó Dios al hombre a imagen suya, a imagen de Dios lo creó, y los creó macho y hembra; y los bendijo Dios diciéndoles: "Procread y multiplicaos, y henchid la tierra; sometedla y dominad sobre todo cuanto vive y se mueve sobre la tierra"» (Gen.; 1, 26-28). El parágrafo concluye con estas palabras: «Y vio Dios ser muy bueno cuanto había hecho» (Gen.; 1, 31). Así pues, la sexualidad fue algo creado por Dios y considerado por Él como algo bueno. En el capítulo segundo del Génesis se informa que el precepto divino que debían observar los primeros hombres era el de no comer del árbol de la ciencia del bien y del mal (Gen.; 2, 17). En el capítulo siguiente se narra el episodio de la tentación, el demonio dialoga con Adán y Eva y les hace ver cómo el sentido de dicho precepto no es otro que el temor que tiene Dios de que los hombres se hagan tan poderosos como Él, así la serpiente les dice que: «sabe Dios que el día que de él comáis se os abrirán los ojos y seréis como Dios, conocedores del bien y del mal» (Gen.; 3, 5). Dos cosas llaman poderosamente la atención en este relato. La primera es que el demonio no intenta engañar al primer hombre afirmando que Dios no existe, tamaña falsedad hubiera sido rechazada *ipso facto*. Como toda mentira, para que pueda ser creída ha de ir mezclada con parte de verdad; por eso, la tentación se presenta afirmando la existencia de Dios. La segunda cosa que llama la atención es el contenido del ardid en sí, el célebre *eritis sicut Deus* (seréis como Dios): Dios teme que el hombre coma el fruto de un determinado árbol porque entonces adquirirá la «ciencia del bien y del mal» y en ese momento el hombre pasará a «ser como Dios».

retributiva y «simplemente» se limitó a retirar los dones que había regalado al primer hombre; pero al igual que se los había dado no a título individual, sino en calidad de donación a la especie, se los retiró también en cuanto regalo específicamente heredable.

El hombre quedó entonces en estado de naturaleza, pero con las facultades heridas, es decir, mermadas pero no destruidas. Carlos Cardona ha insistido en que las facultades dañadas no solo fueron la inteligencia y la voluntad, sino también la memoria; de este modo se introdujo «el olvido», tan pernicioso como la pérdida de intelección o de dominio sobre las potencias irracionales del alma. El hombre, dice Cardona: «Para hacer el mal necesito un olvido. Hemos de querer una distracción, una inadvertencia. Hay que aislar el acto, desvincularlo de su sujeto, de su orden y de su fin; y esa desconsideración es voluntaria, la voluntad puede no querer considerar en concreto lo que sabe en general, y así evita ser movida por lo que no quiere que le mueva, para poder hacer sin trabas lo que quiere hacer. Entonces la libertad se pierde en lo finito, en la fugaz "presencia de lo presente" donde el ser es solo tiempo»[232].

Así pues, según la revelación, el sufrimiento tiene su origen fontal en el pecado del primer hombre al rechazar voluntariamente el amor infinito que Dios le ofreció, con una decisión que no encerraba otra cosa que la voluntad de ser el centro de sí mismo. De modo que, aunque no todo dolor actual sea consecuencia del pecado original, sí lo es la enorme miseria que aflige a la humanidad y al hombre particular, llevándole incluso hasta la muerte como persona, al perder el regalo, o don preternatural, de la inmortalidad física.

Solo comprendiendo la naturaleza del amor de Dios se puede comprender la gravedad de la ofensa del hombre al rechazarlo. Quizá la mente humana, condicionada por su finitud, no pueda llegar a captar en toda su dimensión la grave-

---

232 Cardona, C.: *Metafísica del Bien y del Mal*; op. cit.; p. 166.

dad del daño infligido al rechazar el hombre el amor de Dios, intentando convertirse en un ser totalmente autónomo; pero sí tenemos un dato extremadamente revelador que nos puede ayudar sobremanera a percatarnos de las auténticas dimensiones del problema; nos estamos refiriendo, cómo no, a la pasión y muerte de Cristo en la Cruz. La entrega amorosa del Hijo por parte de Dios-Padre es una muestra elocuente de la gravedad de la ruptura introducida entre el hombre y Dios.

Así pues puede afirmarse que, en el fondo, solo hay un mal supremo fuera del cual nada hay que temer: y este no es otro que el pecado[233]. Del mismo podemos afirmar que la caridad se erige como el bien supremo capaz de superar cualquier mal.

233 Cf. Charles Journet: *El mal. Estudio teológico*; op. cit.; p. 45.

XXX

El mal injusto no tiene la última palabra sobre el destino del hombre

El mal injusto no puede tener la última palabra sobre el destino del hombre, sería un hecho incompatible con la infinita bondad de Dios. La muerte de Cristo en la Cruz supone la reconciliación del hombre con Dios; y la resurrección de Cristo marca su victoria sobre el mal. Según el Apóstol, negar la resurrección de Cristo significa eliminar toda esperanza de resurrección por parte nuestra y con ella quedarían revocadas todas las esperanzas del cristianismo, de tal manera que, al punto, toda nuestra fe se volvería vana[234].

Pero aquí hay que resaltar un dato de importancia capital. Un Dios que entrega a su Hijo a una muerte holocáustica para inmolarse a fin de redimir la humanidad y así poder reconci-

---

234 «Si Cristo no resucitó, vana es nuestra predicación. Vana nuestra fe» (I Cor.; 15, 14). También: «Si Cristo no resucitó, vana es vuestra fe». (I Cor.; 15, 17) La conclusión que saca San Pablo de esta postura no puede ser más dramática, si nuestra fe en Cristo es puramente mundana, entonces la condición humana es la más mísera de todas; por eso dice el Apóstol que: «Si solo mirando a esta vida tenemos la esperanza puesta en Cristo, somos los más miserables de todos los hombres» (I Cor.; 15, 19).

liarla con Él demuestra que no solo es un Dios que no es ajeno al dolor y al sufrimiento, sino que nos revela su valor redentor. Así pues se puede afirmar con firmeza que la Cruz de Cristo es la mayor respuesta que se puede dar al problema del mal[235].

Este punto lo ha tratado Juan Pablo II con gran lucidez y profundidad. Efectivamente, hablando del «escándalo de la cruz» hace la siguiente reflexión: «¿Era necesario para la salvación del hombre que Dios entregase a su Hijo a la muerte en la Cruz? ¿Podía ser de otro modo? ¿Podía Dios, digamos, justificarse ante la historia del hombre, tan llena de sufrimientos, de otro modo que no fuera poniendo en el centro de esa historia la misma Cruz de Cristo? Evidentemente, una respuesta podría ser que Dios no tiene necesidad de justificarse ante el hombre (...). Pero Dios, que además de ser Omnipotencia es Sabiduría y Amor, desea, por así decirlo, justificarse ante la historia del hombre. No es el Absoluto que está fuera del mundo y al que, por tanto, le es indiferente el sufrimiento humano. Es el Emmanuel, el Dios-con-nosotros, un Dios que comparte la suerte del hombre y participa de su destino. ¡No, absolutamente no! Dios no es solamente alguien que está fuera del mundo, feliz de ser en sí mismo el más sabio y omnipotente (...). El escándalo de la Cruz sigue siendo la clave para la interpretación del gran misterio del sufrimiento. En eso concuerdan incluso los críticos contemporáneos del cristianismo. Incluso esos ven que Cristo crucificado es una prueba de la solidaridad de Dios con el hombre que sufre. Dios se pone de parte del hombre. Lo hace de una manera radical»[236]. A estas palabras, Juan Pablo II añade que: «Dios está siempre de parte de los que sufren. Su omnipotencia se manifiesta precisamente en el

---

235 Por esto afirma Jean Daniélou que: «Si la existencia del mal fuera realmente incompatible con la existencia de Dios, la misma palabra de Cristo quedaría de antemano refutada» (Daniélou, J.: *La teología del mal frente al ateísmo*; en: *El ateísmo contemporáneo*; VV. AA., op. cit., p. 311).

236 Juan Pablo II: *Dios es amor. Entonces, ¿por qué hay tanto mal?*; *Cruzando el umbral de la esperanza*; op. cit., cap. X, p. 79.

hecho de haber aceptado libremente el sufrimiento. Hubiera podido no hacerlo. Hubiera podido demostrar la omnipotencia incluso en el momento de la Crucifixión; de hecho, así se lo proponían: "Baja de la Cruz y te creeremos" (Marcos 15, 32). Pero no recogió ese desafío. El hecho de que haya permanecido sobre la cruz hasta el final, el hecho de que sobre la cruz haya podido decir como todos los que sufren: "Dios mío, Dios mío, ¿por qué me has abandonado?" (Marcos 15,34), este hecho ha quedado en la historia del hombre como el argumento más fuerte. Si no hubiera existido esa agonía en la cruz, la verdad de que Dios es Amor estaría por demostrar. ¡Sí! Dios es Amor, y precisamente por eso entregó a Su Hijo»[237]. A nivel filosófico, que es el que aquí nos interesa, esto significa que la existencia de Dios, lejos de ser algo incompatible con la existencia del mal, representa el verdadero horizonte de inteligibilidad de este.

El mal injusto no tiene la última palabra sobre el destino del hombre. José Antonio Sayes se ha expresado de una manera rotunda sobre este tema, afirmando que el mal solo sería incompatible con la infinita bondad de Dios si tuviera la última palabra. Un Dios que permitiera que el mal ejerciera su influencia de un modo absoluto sobre algunas personas, y sin el consentimiento de su libertad, considera que sería un Dios que no merecería la piedad del hombre. En efecto: «Si el mal que sufrimos tuviera la última y definitiva palabra, no sería posible creer en Dios. Si un niño tuviese que ser subnormal durante toda la eternidad, yo no creería en Dios, porque sería una prueba de la impotencia divina»[238].

Por la resurrección de Cristo sabemos que nosotros, si tenemos una respuesta fiel al amor de Dios, también participaremos de una resurrección personal gloriosa, de manera que

---

237 *Ibidem*: p. 82, XI, *¿Impotencia divina?*

238 Sayes, José Antonio: *Ciencia, ateísmo y fe en Dios*; op. cit., p. 374. Estas palabras, explícitas de por sí, consideramos que cobran más valor por el hecho de ser afirmadas por un sacerdote católico.

podemos tener la certeza de que el dolor injusto no es definitivo y por ello la existencia humana queda preservada del absurdo. El dato revelado nos muestra, pues, que el sentido de la creación del hombre es hacerle partícipe de la máxima felicidad en la contemplación eterna de Dios.

Es curioso que se presente el mal como objeción contra la existencia de Dios cuando la revelación del Dios cristiano enseña cuál es el origen del misterio del mal y cómo llevar a cabo la superación definitiva. Se objeta la existencia del mal contra la verdad del cristianismo, pues bien, repárese que aun en el supuesto de que fueran falsas todas las doctrinas escatológicas y soteriológicas cristianas, resultaría que del simple hecho de seguir el hombre sus preceptos morales, el mal en el mundo remitiría totalmente. Pero la realidad es que, para cumplir, no ya totalmente sino tan solo parcialmente, el programa moral cristiano, se necesita de la gracia de Dios. Por esto, el hombre ha descubierto la falsedad de las tesis del humanismo ateo antropocéntrico que, rechazando totalmente a Dios, ha propuesto la salvación terrenal del hombre por sí solo, poniendo como condición el permanecer en la inmanencia de sus propios recursos. Este es el sentido de la nueva gnosis representada por el materialismo cientificista.

El cristianismo sostiene que este mundo, aun siendo bueno, no es el destino final del hombre. La finalidad del cristianismo no es la de proponer una doctrina que permita una perfecta adaptación del hombre a la finitud. Esta era, en cualquier caso, tal como tuvimos ocasión de ver, la esencia del agnosticismo de Enrique Tierno Galván, pero no es, en absoluto, la tesis central del cristianismo. El mal, sufrido injustamente, podría presentarse como una objeción contra la existencia de Dios si representara el destino absoluto de una sola persona, pero el mal en cuanto que no es definitivo[239] no es ninguna objeción contra la existencia de Dios, máxime cuando de él Dios extrae bienes.

---

239 A no ser el voluntariamente elegido, pero de ese es responsable el hombre y no Dios.

XXXI

Dios tolera la existencia del mal para poder extraer de él bienes

Dios tolera el mal para extraer de él bienes superiores. A la pregunta: «¿Crea Dios el mal?» hay que responder con un rotundo no. La razón es muy simple, Dios no puede ser la causa del mal porque es el Bien por esencia. Además, el mal, siendo una privación y no teniendo naturaleza propiamente hablando, no es creable. El *mal de la acción* procede de una insuficiencia física o voluntaria del agente. Es patente que en Dios no hay insuficiencia alguna, por tanto, de ninguna manera podrá Dios originar el mal físico o moral y menos todavía el pecado. Dios permite el mal de la naturaleza en cuanto va inseparablemente ligado a un bien, que es lo pretendido y directamente querido por Dios. Ciertamente, Dios lo tolera, lo acepta y lo quiere; pero no es el mismo mal lo que pretende, pues Dios anhela el ser creado a pesar y no a causa de su irremediable aspecto negativo. Así pues, Dios quiere indirecta y accidentalmente el mal de la naturaleza. En cambio, el mal del pecado no está de suyo vinculado a ningún bien y tiende solamente a destruir la obra divina; por tanto, carece de sentido la cuestión de si Dios puede quererlo, aunque solo sea indirecta y accidentalmente.

El mal del pecado es permitido, tolerado y sufrido, en un sentido totalmente distinto al mal de la naturaleza.

Por su parte, el «mal del efecto», o «mal del ser» no es pretendido de una manera directa por Dios, pero está involucrado como precio de un bien querido directamente. En tal caso: ¿no podría decirse que lo quiere Dios indirectamente o *per accidens*? El mal puede originarse a partir de un agente voluntario o de un agente natural. En el primer caso puede seguirse, o bien una volición directa encaminada al mal de la naturaleza (así sucede que hay que destruir seres para obtener alimento), o bien de una volición desordenada (como ejemplo podríamos tomar un intemperante, quien al buscar directamente el placer de una manera desordenada y desmedida consiente indirectamente su propia degradación).

Es evidente que, en cuanto pone de manifiesto una volición desordenada, el mal del efecto tan solo es imputable a las criaturas. Como el mal del efecto puede proceder de la actividad de los agentes naturales... ¿diríamos, pues, que Dios es causa directa o *per se* del bien, e indirecta o *per accidens* del mal? No podemos afirmar que Dios sea causa directa del mal, ya que equivaldría a sostener que a través de su acción Dios pretende el mal. Lo que sucede es que Dios permite el mal físico que se da en el universo. Así pues, Dios ni *crea*, ni *causa* ni *quiere* el mal, sino que lo permite o tolera.

Ahora bien, ¿por qué quiere Dios permitir el mal? Dios tolera el mal porque ha juzgado bueno sacar de él bienes. Se entiende, pero... ¿no podría haber hecho un mundo en el que solo hubiera bien? Sí, podría haberlo hecho así, pero ha juzgado mejor hacer un mundo en el que, además de existir bienes en sí mismos, existen bienes que se obtienen a partir de males. Santo Tomás sostiene que pertenece a la infinita bondad de Dios permitir que haya males y sacar bienes de ellos[240]. También afirma que pertenece a su providencia, antes que dificultar el bien per-

---

240 S. Th.; I q. 2 a. 3 ad. 1.

fecto del universo, permitir ciertos defectos en los seres particulares, ya que si cesaran todos los males, muchos bienes desaparecerían del mundo[241]; el perdón y el arrepentimiento, por ejemplo.

Ahora bien: ¿por qué clase de bien es permitido el mal? Indudablemente se trata del respeto a nuestra libertad. Dios nos crea libres y acepta, puede que a disgusto, que a través del mal uso de nuestra libertad se introduzca el mal moral en su obra. Ciertamente que podría evitarlo y, sin embargo, lo permite, dando, así, una muestra indudable de su amor al hombre. Pero, precisamente en virtud de ese mismo amor, ¿no podía Dios haber creado a los hombres y a los ángeles impecablemente? Ciertamente Dios podría haber creado seres impecables por naturaleza, pero ya no serían ni hombres ni ángeles. En la naturaleza de estas criaturas está contenida la libertad como una nota esencial constituyente de su ser, de manera que si se les suprime la libertad cambian substancialmente, dejando de ser el ente que son para pasar a ser un ente esencialmente distinto. De ahí que un mundo en el que fuésemos creados impecables no nos haría mejores, simplemente no nos haría. Pedir la creación impecable del hombre o del ángel equivale, además, a pedir a Dios que no respete la voluntad del que libremente quiere negarle. Con lo que resultaría absurdo crear a un ser dotado de liberad para luego negársela.

---

241 S. Th., I q. 22 a. 2, ad. 2; I q. 48 a. 2 ad. 3; I q. 96 a. 1, ad. 2.

XXXII

MAL DE CULPA Y MAL DE PENA

Llegados a este punto, es importante establecer una distinción entre el *mal de culpa* y el *mal de pena*. Pues bien, Dios de ningún modo es causa del mal de culpa, pero sí lo es del mal de pena, y este solo es querido por Dios indirectamente y, *sit venia verbo*, como a *disgusto*. De hecho, ya Platón, en la *República*, había afirmado que la divinidad no puede ser, de ninguna de las maneras, causa del mal[242], algo que también había sostenido con anterioridad el filósofo presocrático atomista Demócrito de Abdera.

Del mal de la naturaleza y del mal de la pena, que no son ni queridos ni pretendidos por ellos mismos, sino solo por el bien al que acompañan, puede decirse que son queridos accidentalmente por Dios, es decir, son permitidos en cuanto que los tolera en aras del bien que de ellos se pueda derivar.

Ahora bien, ¿qué sucede con el mal de culpa? Dios permite el mal físico y el mal de pena, pero ¿permite también el mal de culpa? El mal de la culpa, por el contrario, siendo la repulsa directa del bien trascendente de la divinidad, Dios no lo puede querer de ninguna manera. El mal de culpa es la consecuencia

---

242 Rep. III 379c- 380a.

de la búsqueda de un bien por parte del pecador, bien subjetivo que, elegido libremente, le aleja de su fin último. En este caso el pecador quiere un bien directamente y un mal indirectamente. *Per se* busca un bien, y *per accidens* quiere un mal. Un mal que aparta a la voluntad creada de su fin último.

Si afirmásemos que «este es el mejor de los mundos posibles», siempre podríamos encontrarnos con una respuesta al estilo de la de Bertrand Russell cuando dice que: «Para mí hay algo raro en las valoraciones éticas de los que creen que una deidad omnipotente, omnisciente y benévola, después de preparar el terreno mediante muchos millones de años de nebulosa sin vida, puede considerarse adecuadamente recompensado por la aparición final de Hitler, Stalin y la bomba H»[243].

Ahora bien: ¿estaba Dios obligado, en virtud de su bondad infinita, a crear el mejor de los mundos posibles? La infinita bondad de Dios no solo no le obliga a crear el mejor de los mundos posibles, sino que ni siquiera le obliga a crear. En primer lugar hay que afirmar que la creación es un acto absolutamente libérrimo, y si Dios lo ha hecho no ha sido para añadir ninguna perfección a su ser, sino para comunicar su bien a las criaturas.

En segundo lugar hay que reconocer que, de suyo, esta pregunta encierra un pseudoproblema, ya que, precisamente en virtud de su omnipotencia, Dios *no puede* crear el mejor de los mundos posibles ya que siempre le sería posible, por ser omnipotente, crear un mundo mejor, con lo cual, fuera cual fuera el mundo que creara, siempre podría plantearse esta objeción. De modo que podemos afirmar que echarle en cara a

---

243 Russell, B.: *Por qué no soy cristiano*; op. cit., p. 14. Más adelante añade que: «Cuando se examina el argumento del plan [se está refiriendo al denominado por Kant: argumento físico-teológico], es asombroso que la gente pueda creer que este mundo, con todas las cosas que hay en él, con todos sus defectos, fuera lo mejor que la omnipotencia y la omnisciencia han logrado producir en millones de años. Yo realmente no puedo creerlo» (*Ibidem*; p. 22). Nosotros tampoco. Pero es que la cuestión no es esta, sino otra bien distinta y que analizaremos a continuación.

Dios no haber hecho el mejor de los mundos posibles no constituye el planteamiento de ninguna objeción seria, sino el de un pseudoproblema.

De suyo, un mundo creado no puede ser omniperfecto. Como muy bien observa Juan de Sahagún a este respecto: «¿Por qué un mundo creado no puede ser omniperfecto? Sencillamente porque es un contrasentido; es inconcebible en virtud de su naturaleza y estructura. Pensarlo completamente perfecto desde el principio equivale a exigir la cuadratura del círculo. No es que Dios no pueda hacerlo, sino que es irrealizable en sí mismo. La omniperfección se opone a creación, que equivale a participación. En este caso no sería un mundo, sino otro Dios lo que es imposible. Un mundo creado perfecto es impensable porque sería finito e infinito a la vez, es decir, constaría de propiedades contradictorias. La finitud entraña limitación, carencia, disfunción y, en consecuencia, mal. La infinitud, en cambio, es plenitud y perfección en el ser y en el obrar, es bien absoluto. Ahora bien, por ser creado nuestro mundo es finito, inacabado y deficiente y, por consiguiente, carece de la perfección total. Es espacio para el mal»[244].

En tercer lugar, Dios no necesita moralmente hacer el mejor de los mundos posibles, porque un ser solamente está sujeto a la necesidad moral u obligación de elegir la realización de un bien, e incluso de lo mejor, cuando está sometido a la necesidad moral u obligación de convertirse él mismo en mejor, de tender hacia el Bien supremo al que está ordenado. Por el contrario, donde no existe la necesidad moral u obligación de convertirse en mejor, cesa, ciertamente no la posibilidad, pero sí la necesidad moral de ser benéfico. En definitiva, en virtud de su bondad infinita Dios no está obligado a crear un mundo infinitamente bueno, lo cual es un puro absurdo, sino a crear un mundo bueno en su conjunto.

Ahora bien, ¿no podría haber creado Dios un mundo mejor

---

244 Juan de Sahagún: op. cit.; p. 273.

que este? Sí, pero también podría haber creado uno peor. No haber creado un mundo mejor que este no disminuye ni un ápice la infinita bondad de Dios. De potencia absoluta, si se consideran los mundos que Dios podía hacer en su sabiduría y bondad infinitas, Él podía crearnos en el estado de *término*. Pero de potencia ordenada, si se considera el mundo que libremente ha decretado crear, siempre en su sabiduría y bondad infinitas, escogió otro partido, donde nosotros seríamos creados en el estado de vía. En efecto: cada uno de nosotros es en el estado actual un *Homo viator*, donde podemos libremente adherirnos o no a Dios, y donde la bienaventuranza llegaría como un fruto. Esta elección no solo es buena, sino que, bajo cierto aspecto, podría considerarse la mejor, pues se hace a la criatura cooperadora de Dios en la obra de perfeccionamiento del universo y de sí misma.

Así pues, si se pregunta: ¿Por qué crea Dios? ¿Cuál es la razón por la que Dios, pudiendo en su sabiduría infinita tanto crear como no crear, se decide a crear? La única respuesta posible es esta: para comunicar una participación finita de su esplendor infinito. Y si se pregunta: ¿por qué razón se decide a crear un mundo determinado en lugar de otro, peor o mejor?, la respuesta es semejante: para comunicar cierta participación finita de su esplendor infinito en lugar de otra, mejor o peor.

El mal, en cuanto instrumento divino para la obtención de bienes mayores, pierde su estatus de escándalo para la razón. La infinita bondad de Dios no habría tolerado el sufrimiento que produce el mal si de él no pudiera extraer bienes mayores. De este modo Dios juzga que sacar el bien del mal es mejor que no permitir mal alguno. Solo desde la clarividencia del *lumen gloriae* podremos comprender cómo muchas de las cosas consideradas por los hombres como males han resultado ser hitos fundamentales en la historia de su salvación personal. De este modo, a la luz de este conocimiento sobrenatural, el mal cobra un nuevo sentido y un nuevo valor.

XXXIII

EL ÚNICO MAL VERDADERO PARA EL HOMBRE ES EL MAL MORAL

El verdadero mal del hombre es el mal moral. En efecto; el auténtico mal que aflige al corazón y a la razón humana es el mal moral, el sufrimiento derivado de las malas acciones realizadas por el hombre ejecutando libremente las decisiones de su voluntad. Así, el mal moral aparece como el precio a pagar por la libertad humana. La posible existencia del mal moral era el riesgo a pagar por la creación divina de seres libres en su obrar. Esto mismo es lo que significan las palabras de Juan Pablo II cuando sostiene que: «Dios ha creado al hombre racional y libre y, por eso mismo, se ha sometido a su juicio»[245].

Habiendo creado al hombre con el don de la libertad, Dios actúa consecuentemente de forma que respeta la libertad humana incluso cuando esta es usada erróneamente. Desde la infinidad de los tiempos Dios sabía perfectamente, en virtud de su omnisciencia, que los hombres usarían mal su libertad,

---

245 Juan Pablo II: *Dios es amor, ¿entonces por qué hay tanto mal?* En: *Cruzando el umbral de la esperanza*; op. cit.; X, p. 79.

pecarían, y aun así decidió crearlos. Esta es una prueba más del amor infinito de Dios por los hombres.

La omnipotencia divina podría haber hecho que la voluntad humana fuera perfectamente recta de manera que resultara impecable, pero de este modo el hombre perdería la libertad y, por ello, dejaría de ser hombre. Esto ha llevado a afirmar a Luis González Carvajal que: «Pienso que, *por lo que a Dios se refiere*, este es, en efecto, el mejor de los mundos posibles. Si el mal físico procede de la condición finita de los seres humanos, y el mal moral procede del mal uso que hacemos de la libertad, parece necesario concluir que Dios *no podía* crear seres humanos que no estuvieran sometidos a ambos tipos de males. Puesto que el ser humano no puede dejar de ser a la vez finito —a diferencia de Dios— y libre —a diferencia de los animales—, la alternativa para Dios no consistía en crear seres humanos expuestos al sufrimiento o crearlos protegidos de él, sino en crear seres humanos expuestos al sufrimiento o *renunciar a crearlos*»[246].

También Maritain se ha expresado de un modo similar al sostener que: «Es preciso mantener, con Santo Tomás, que toda criatura es naturalmente falible. Dios no puede hacer una criatura, sea hombre o ángel, *naturalmente impecable*, por la misma razón por la que no puede hacer un círculo cuadrado»[247].

Al respetar la falibilidad de la libertad humana Dios muestra un respeto infinito por el hombre; que llega hasta el punto de poder hablarse, incluso, de una cierta *impotencia*. En efecto, la omnipotencia divina podría eliminar absolutamente el mal del mundo en el actual estado de la Historia, pero entonces el hombre debería dejar de ser hombre. Precisamente es por esto que Juan Pablo II ha manifestado que: «En cierto sentido se puede decir que frente a la libertad humana Dios ha querido hacerse «impotente». Él permanece coherente ante un don

246 González Carvajal, L.: op. cit.; p. 79.
247 Maritain, Jacques: *Y Dios permite el mal*; Ed. Guadarrama, Madrid, 1967, p. 60.

semejante, y por eso se presenta ante el juicio del hombre»[248]. En esta misma línea comenta Luís González Carvajal que: «Dios, al crear seres verdaderamente libres, estaba limitando su omnipotencia o, en todo caso, estableciendo libremente un límite real a su ejercicio. Dios ha querido que podamos decir que su victoria sobre el mal ha sido también nuestra propia victoria»[249].

Dios quiere que el hombre se realice en el amor; por ello lo crea libre, ya que solo el amor que nace de la libertad es auténtico amor. De ahí que Jean Daniélou afirme que: «Nuestra libertad se ejerce con plenitud inscribiéndose en el designio del amor»[250]. En efecto, el amor responsable y consciente implica el ejercicio responsable de la libertad. El misterio del mal moral tiene, pues, su raíz última en el misterio de nuestra libertad. Así, el mal moral es consecuencia directa del mal uso que hacemos de nuestra libertad. De ahí que Jacques Maritain haya sostenido que «el *inventor* del mal moral *en la realidad existencial* del mundo es la libertad de la criatura, la libertad *en la línea del no-ser*»[251].

El mal también tiene que ver con la finitud, pues la posibilidad de ese uso incorrecto es inherente a una libertad finita. En el ejercicio consciente y responsable de su libertad, el hombre elige su destino eterno; por eso la libertad asusta. Tiene razón Erich Fromm al hablar, si bien en otro contexto, del miedo a la libertad. Al crear Dios al hombre como una criatura racional y libre, llamándole a través de la fidelidad de su ejercicio responsable al goce de la felicidad eterna, le ha dado, junto a la muerte de Cristo en la cruz, la mayor muestra de amor divino que el

---

248 Juan Pablo II: *¿Impotencia divina?* En: *Cruzando el umbral de la esperanza*; op. cit.; XI, p. 82.

249 González Carvajal, L.: op. cit.; pp. 80-81.

250 Daniélou, J.: *La teología del mal frente al ateísmo*; en: *El ateísmo contemporáneo*; VV. AA., op. cit.; p. 317.

251 J. Maritain: op. cit.; p. 56.

hombre puede recibir. La libertad humana no es respetada por nadie tanto como por el propio Dios, llegando incluso a pagar con la Cruz el precio de las consecuencias de su mal uso.

XXXIV

DIOS Y LA LIBERTAD HUMANA

A lo largo del siglo XIX y los dos primero tercios del siglo XX, el ateísmo teórico de corte filosófico se fue desarrollando hasta remitir en el último tercio del siglo pasado. Ya no se realizan esfuerzos por demostrar racionalmente la no existencia de Dios mediante argumentos filosóficos[252] ya que, ciento cincuenta años después, el proyecto evidenció su fracaso. Efectivamente, ningún ateo teórico había conseguido aportar un argumento racional que pudiera ser considerado una prueba objetiva válida de la inexistencia de Dios. Fue de esta forma como el ateísmo teórico perdió vigencia paulatinamente, dimitiendo de un modo progresivo en su beligerancia.

Pero esto no significó que el ateísmo en general remitiera, al contrario. Bajo nuevas formas fue aumentando su presencia en la sociedad. Si bien el ateísmo teórico acabó por desaparecer, al menos en su versión filosófica, el ateísmo práctico creció en las sociedades occidentales hasta alcanzar límites desconocidos en la historia de Occidente.

---

252 Otra cosa es el denominado Nuevo ateísmo, en donde una parte de su carga probatoria pretende basar su negación de la existencia objetiva de Dios en argumentos supuestamente proporcionados por la ciencia.

Hemos visto en los apartados anteriores como la única objeción racional en contra de la existencia real de Dios que le quedó al ateísmo teórico filosófico fue la supuesta incompatibilidad entre la existencia del mal moral en el mundo y la existencia objetiva de un Dios que fuera omnisciente, omnipotente y perfectamente bueno, dando así lugar a lo que podría denominarse: el ateísmo moral.

Tras realizar el análisis específico y extenso de esta cuestión, hemos llegado a la conclusión de que no hay incompatibilidad alguna entre estas dos realidades. Es más, vimos como la existencia del mal exigía la existencia real de un Dios que fuera el Bien en sí. También pudimos ver que el hecho de que la existencia del mal necesitara de la existencia de Dios no significaba que Dios fuera la causa del mal moral, sino que Dios era la causa de la existencia del sujeto que realizaba el mal y también del sujeto (o del objeto) paciente que recibía la mala acción. En cualquier caso, quedaba claro que Dios no era, en modo alguno, la causa en sí del acto moral malo.

La auténtica causa última de un acto moralmente malo es siempre el mal uso de la libertad humana. Precisamente, la exaltación de la libertad humana que lleva a convertirla en un máximo absoluto, tal como sucede en los casos de pensadores como Nietzsche o Sartre, ha tenido como consecuencia la afirmación de la incompatibilidad entre la existencia de la libertad humana como bien moral absoluto y la existencia de un Dios omnipotente y omnisciente. Se ha llegado a plantear la cuestión en términos dicotómicos, de tal modo que el sujeto se veía obligado a elegir entre la libertad humana o la existencia de Dios, de manera que si se afirmaba a uno se tenía que negar al otro.

Opinamos que este planteamiento de la cuestión está desenfocado ya que Dios, lejos de acabar con la libertad humana, es su causa y fundamento. Así pues, no se pueden dejar de hacer unas breves reflexiones sobre la relación entre Dios y la libertad humana.

XXXV

LA NECESIDAD DE FUNDAMENTACIÓN

Una de las características que definen el pensamiento moderno es la preocupación creciente por la reflexión en torno a la libertad. La especulación sobre la libertad irá convirtiéndose progresivamente en uno de los ejes respecto al cual girarán los múltiples sistemas filosóficos que configuran el pensamiento moderno. En esta variedad de autores y corrientes la libertad siempre será vista como el fundamento del obrar humano y, en rigor, se ha de reconocer en esta preocupación una de las contribuciones más positivas del pensamiento moderno.

Ahora bien, planteada la cuestión tal como lo hemos hecho en el párrafo anterior podría objetarse que dicho posicionamiento no tiene, en última instancia, nada de original, pues tal preocupación ya habría aparecido en la tradición teológica y metafísica cristiana que se había desarrollado con anterioridad al surgimiento del pensamiento moderno. En efecto, sin el posicionamiento de la libertad como fundamento de la praxis humana no podría hablarse de una caída ontológica original y, en consecuencia, tampoco de redención. De modo que, en cierto sentido, la libertad humana es uno de los ejes en relación al cual gira la escatología cristiana.

Cierto. Pero no lo es menos que entre la concepción que tiene la filosofía moderna de la libertad y la que tiene la filosofía cristiana se dan muchas diferencias. Una de ellas es la que radica en el énfasis especial que pone el pensamiento moderno en la radical autonomía de la libertad humana; ni que decir tiene que Kant es un ejemplo paradigmático de este proceder, pero no único. Para la modernidad, el fundamento de la libertad humana es inmanente, está en la propia subjetividad. Esto desembocará, en el crepúsculo de la modernidad, en la afirmación de que el hombre es el creador absoluto de los valores morales. Es desde esta perspectiva que se entiende que Nietzsche pusiera a una de sus principales obras el título de: *La Voluntad de Poder*.

Uno de los epígonos del pensamiento moderno, el existencialismo de corte sartriano, culminará este proceso y afirmará el carácter absoluto de la libertad de ese sujeto creador de los valores morales. Ahora bien, esta tesis se precisará con un matiz muy importante: afirmándose del sujeto la capacidad axiológica creadora absoluta, se negará a sus producciones (los valores morales concretos) dicha cualidad, de los que se afirmará una relatividad intrínseca connatural. Se exaltará al ser humano como el creador absoluto de los valores morales, de los cuales se dirá que siempre son relativos. Curiosa paradoja la del pensamiento moral contemporáneo.

Teóricamente la afirmación que hemos hecho sobre la filosofía sartriana es verdadera, pero en la práctica hay una doble contradicción en el planteamiento de Sartre. La primera es la que concierne a todo relativismo absoluto. En efecto, es contradictorio afirmar el carácter absoluto de una tesis relativa. Decir que *todos* los valores morales son *siempre* relativos es afirmar la existencia de una verdad absoluta y, por lo tanto, la de un bien absoluto, pues *verum et bonum convertutur*; es decir: la verdad y el bien son propiedades trascendentales del ente que se *convierten* recíprocamente, de ahí que todo lo verdadero sea bueno y viceversa. La otra contradicción es propia del planteamiento sartriano. En efecto, al mismo tiempo que Sartre afirma el carácter relativo de todos los valores morales, también sostiene que no podemos evitar elegir el bien[253]; un tema que trataremos en otra obra.

En la metafísica cristiana también se sostiene que la libertad moral humana es autónoma, pues es responsable de sus actos y creadora de valores morales, pero se niega que su autonomía sea absoluta. La libertad humana no es creadora ni del ser ontológico del objeto ni de *todo* ser axiológico. Como no podría ser de otro modo, ante la libertad humana todo ser ontológico le resulta dado, incluyendo el suyo; o lo que es lo mismo, nosotros no somos los creadores de la realidad física que nos envuelve, comprendiéndonos a nosotros mismos. Y lo mismo sucede con parte del ser axiológico; en efecto, nosotros no somos los creadores de todos los valores morales, de ahí que se sostenga la existencia de valores morales absolutos que de ningún modo anulan la libertad moral humana, sino que la muestran en su auténtico ser, es decir, como libertad finita.

La afirmación de la existencia de valores morales absolutos no rebaja, y mucho menos elimina, la libertad de la voluntad humana, sino que la encuadra en su auténtico contexto; que no es otro que el marco de la finitud ontológica del ser humano. De un modo absolutamente libre, el hombre puede reconocer el orden del ser moral objetivo, aceptarlo, asumirlo y, en conjunción con el orden moral relativo (que sí que es puesto por él), configurar el marco global del orden axiológico en el que deberá desenvolver el conjunto de su vida. La libertad humana puede aceptar ese orden moral objetivo dado, pero también puede rechazarlo e intentar, en la medida en que esto le resulte posible, vivir como si la creación axiológica que lleva a cabo fuera la totalidad del ser moral, o lo que vendría a ser lo mismo: como si los únicos valores morales existentes fueran los que yo creo o los que yo quiero aceptar.

---

253 Sartre, Jean Paul: *El existencialismo es un humanismo*; Ed. Edhasa, Barcelona, 1989 pp. 24-25.

La metafísica cristiana reconoce la posición fundamental de la libertad humana como base de la praxis moral del hombre. Reconoce también su autonomía, eso sí, relativa, y su dinámica capacidad creadora axiológica relativa; pero la percepción de su finitud le lleva a afirmar que el fundamento último del ser de la libertad humana no está en ella misma, sino en un ser trascendente y auténticamente absoluto. Ahora bien, es justo aquí donde se produce, en el tema de la libertad, la ruptura entre el pensamiento metafísico cristiano y el moderno.

Perdido el referente trascendente como fundamento de la libertad humana se intentará, durante un tiempo, concebirla como un *ens causa sui*; de tal manera que el hombre deberá inventarse a sí mismo, o de hacerse a sí mismo, o de conquistar su propia libertad o simplemente crearla. Pero la imposibilidad metafísica de una tal realidad abrirá el camino a la afirmación de que la fundamentación de la libertad moral humana individual está, en última instancia, en la colectividad, en el género. Para las filosofías colectivistas será la clase social la que fundamente el ser del individuo. Nacerán así los colectivismos totalitarios que nos han dejado una huella tan lacerante a lo largo de todo el siglo XX.

Este contexto justifica por sí solo la necesidad de reflexionar nuevamente sobre el fundamento de la libertad humana, sobre su naturaleza propia y sobre su actividad. Además, el elevado número de vidas humanas, individuales y concretas, sacrificadas en virtud de una errónea concepción metafísica de la libertad humana, confiere un carácter de urgencia a dicha labor de fundamentación.

Hay que destacar que el concepto de libertad universal aparece con el cristianismo, mucho antes de que lo intente monopolizar el pensamiento liberal británico o el racionalismo ilustrado franco-alemán. Ni los imperios orientales ni el horizonte metafísico grecorromano conocieron la libertad del hombre en cuanto tal. En el cenit de la cultura clásica el hombre se sabe libre, cierto, pero solo en cuanto ciudadano ateniense o romano, por ejemplo. Es una aportación del cristianismo la afirmación de la libertad como un rasgo esencial propio del hombre en cuanto hombre y no del hombre en cuanto ciudadano de tal comunidad o sujeto de derechos de tal sistema legal. Es en el cristianismo donde, por primera vez, se reconoce que el hombre es libre en sí y por sí, en virtud de su naturaleza y no por obra de una donación del derecho positivo particular, conferido por unos legisladores y ratificado y garantizado por un sistema jurídico.

Es a partir de esta aportación esencial del cristianismo que se puede decir que «el hombre es un ser para la libertad»[254]. Hasta tal punto es así que se puede afirmar que: «El problema de la libertad coincide con la esencia misma del hombre»[255]. Sería un error ontológico grave considerar a la libertad como simple característica o propiedad de la voluntad. La libertad es más que esto. En efecto, podría decirse que la libertad: «Es el núcleo mismo de toda acción realmente humana y es lo que confiere humanidad a todos los actos del hombre»[256].

254 Cardona, Carlos: *Metafísica del bien y del mal*; op. cit., p. 99.
255 *Ibidem*.
256 *Ibidem*.

XXXVI

EN BUSCA DEL FUNDAMENTO

Dentro de los grados de perfección ontológica que configuran la realidad, el hombre marca ese punto a partir del cual algunas de las acciones del ente son ya fruto del libre querer de la voluntad del sujeto que actúa.

Por su voluntad libre, el hombre tiene potestad, tanto por acción como por omisión, sobre sus actos. Y esto es lo que confiere humanidad al hombre, de manera que puede afirmarse que el ser humano es hombre gracias a la libertad[257].

La libertad no es una conquista que realice el hombre a lo largo de su despliegue histórico o de su desarrollo individual, sino que emerge ya en el mismo acto creador. En efecto, no debemos olvidar que la creación, para el cristianismo, es un acto de acción libérrima. El ente creado recibe del mismo Ser Subsistente su ser participativamente, en virtud de una acción que es obrada por el ser por esencia con absoluta libertad; o sea que Dios crea libremente y no impelido por alguna necesidad.

---

257 Carlos Cardona ha reconocido esto mismo al manifestar que: «el hombre es terminativamente hombre por su libertad, por su acción que es libre» (*Metafísica del bien y del mal*; op. cit.; pp. 99-100).

Como el ente que participa del ser no puede dar nada a su creador, se colige que la creación es una acción absolutamente gratuita por parte de quien la lleva a cabo. En el acto de creación el creador no gana nada, tampoco pierde —cosa que sí sucede en los panteísmos emanantistas—, de modo que su donación ontológica es gratuita, pues no persigue ningún perfeccionamiento propio; algo, que, por otra parte, resulta imposible, ya que solo el ser absolutamente perfecto es capaz de crear desde la nada absoluta. Esta donación de ser que se produce en el acto creador no es arbitraria, pues responde a un plan preconcebido al acto creador, de manera que se trata de una donación amorosa. Nada tiene derecho propio a existir. Nuestra existencia es puramente gratuita, pero no en el sentido en el que enunció Sartre esta tesis, sino en el sentido de que quien nos ha creado no tenía ninguna obligación de hacerlo. Dios no tenía por qué crearnos y, sin embargo, lo hizo. Dado que el acto creador no se produce en beneficio del Creador, sino que resulta por bien del ente creado, la creación de todo ente ha de ser concebida como el fruto de un acto amoroso del libre obrar del Creador. Así pues, se puede afirmar con rotundidad que Dios crea por amor.

Ahora bien, si la creación es un acto amoroso y si la creación es una donación participativa del ser del ente (es decir: una participación limitada del ente en el ser), entonces la finalidad de una creación amorosa solo puede ser la participación del ente creado en el amor del creador. Crear por amor implica que el ente creado participa de ese amor. Es comprensible, pues, que de toda su creación lo que Dios más ha de querer, directamente y por sí, sea la criatura personal, la persona, tanto la de naturaleza humana como la de naturaleza angélica[258].

La persona humana, en cuanto que su forma substancial hace referencia a la materia, requiere de un *hábitat* natural, en el cual se ha de realizar su ser de un modo concreto y factual. Pues bien, ese hábitat es el universo. Pudiera argumentarse que,

---

258 Cif. Santo Tomás: *Suma Contra Gentes*; III, 112.

de hecho, solo lo es una singularidad espacial del universo, de manera que sus ingentes proporciones serían una desmedida. Dicho de otro modo, que la morada preparada para el hombre es excesiva. Puede pensarse que si el hombre fuera una criatura querida por Dios, situarla en un universo tan grande sería un desperdicio de espacio. Dicho en otras palabras, quienes así opinan le critican a Dios el haber preparado una morada tan grande para el hombre, pues consideran innecesario que el universo tenga las dimensiones que tiene si su fin es exclusivamente el de albergar al ser humano.

La respuesta a tal cuestión es evidente desde una perspectiva metafísica y dentro de una ontología del amor; en efecto: lo propio de Dios es la generosidad, la donación copiosa. De modo que no tiene nada de admirable que Dios, al crear, derroche generosidad. Lo metafísicamente admirable no es que Dios «haga *mucho*», sino «que *haga*». Esto lo han sabido ver algunos filósofos y lo han plasmado de forma escueta y genial en una de las preguntas más radicales de la filosofía: «¿Por qué existe ser en vez de nada?». Hay que reconocer con humildad que el ser humano no posee, ni puede poseer, una respuesta que aclare totalmente esta cuestión, aunque sí es capaz de aventurar alguna, como la que acabamos de ver aquí.

Desde una filosofía inmanentista no se puede aclarar nada al respecto; nótese que responder que el ser natural es eterno no es contestar a la pregunta, ya que sigue en pie la cuestión, si bien con un matiz incorporado. En efecto, siempre podríamos seguir preguntándonos: «¿Por qué hay un ser natural eterno en vez de una nada absoluta eterna?». Pero una metafísica que afirma la creación del ente por parte de un ser personal y trascendente tampoco puede dar una respuesta totalmente completa y ello por la simple razón de que Dios crea libremente, de modo que no podemos saber el motivo último que impulsa su acto creador. Lo máximo que podemos afirmar es la razón genérica de dicho acto (que es, justamente, lo que hemos hecho aquí) y que, sin duda, es la comunicación de su bien al ente creado. Jean Paul Sartre se plantea este mismo tema en su célebre novela titulada *La náusea*. Allí se pregunta por qué existe el ser y por qué existe en tales cantidades. Él mismo rechaza que el motivo pueda ser la comunicación del bien. Pero lo cierto es que la respuesta es precisamente esta, como señala muy acertadamente Santo Tomás de Aquino.

En cuanto que la inclinación del apetito no está determinada por la atracción que lo apetecido ejerce en él, queda en manos de la voluntad humana culminar esa inclinación del apetito con la aprehensión de lo apetecido, o frustrarla desestimando voluntariamente tal aprehensión. En este sentido se puede afirmar la autodeterminación de la voluntad humana, con lo que la inclinación hacia lo apetecible dimana, en último término, de la propia naturaleza de dicha voluntad. En este sentido puede decirse que el hombre se asemeja a Dios, ya que participa del ser en un nivel tal que posee aquella riqueza ontológica propia de los seres libres: elegir por sí mismo la determinación voluntaria hacia la consecución de un bien concreto. Y es en este sentido que puede afirmarse que la voluntad humana es de un modo relativo «*causa sui*». Ahora bien, maticemos: la voluntad humana se asemeja a la divina, pero no es divina. Y esto es así porque su autodeterminación al bien no es ni absoluta ni universalizante, mientras que la de Dios sí lo es.

La voluntad humana no se determina a sí misma a la inclinación hacia el bien porque ella es creada, y esa inclinación absoluta se la da su creador, quien sí tiene en sí y por sí esa clase de autodeterminación. Por otra parte, la autodeterminación de la voluntad humana a la aprehensión del bien es de suyo particular, porque su potestad solo puede elegir, en cuanto posición puesta por sí misma, sobre la libre aprehensión de un bien particular, ya que la determinación de la voluntad humana a la aprehensión del bien en general es un estatuto ontológico dado por Dios a la libertad creada y no una propiedad autoconferida por la voluntad creada. Por esto la libertad humana jamás podrá ser concebida, con acierto, como *causa sui* en sentido absoluto. De ahí que sea errónea la caracterización sartriana de la libertad humana como algo absoluto.

La libertad tiene la potestad de determinarse a sí misma a querer o no querer, y es en ese querer libremente (el querer elegido por sí mismo), donde el amor se ejerce y se manifiesta de un modo concreto. Es en el ejercicio del amor, del acto amoroso, donde el agente pone el fin en su acción.

XXXVII

LIBERTAD FINITA Y LIBERTAD PARTICIPADA

La libertad humana por ser creada, es decir participada, es finita. Precisamente por constatar que existen seres libres que han sido creados, Sören Kierkegaard decía, en su *Diario*, que la existencia de tales seres obligaba a postular, necesariamente, la existencia de Dios en cuanto que solo un ser Omnipotente podría ser capaz de haber creado tales seres. En efecto, solo la Omnipotencia puede crear en el sentido auténtico del término, es decir, poniendo positivamente entes fuera de la nada, seres que son en sí mismos y, de alguna manera, por sí mismos al poder elegir voluntariamente el rumbo de su hacer.

Pero esta libertad creada no es una libertad ciega o errante, sino que su obrar está inicialmente guiado por un fin. El obrar humano tiene de forma connatural un sentido. No es un obrar ciego, originariamente absurdo que sume al hombre en el caos del sinsentido, dejándole sin puntos de referencia en la orientación correcta de su obrar, como preconizó el existencialismo ateo y como proponen sus epígonos posmodernos, tales como Ciorán, por ejemplo. Por el contrario, la libertad creada, sea humana o angélica, necesita una causa final que oriente sus actos volitivos, ella no se basta a sí misma, por sí sola no puede autodeterminarse *a priori* a un fin general que rija todas sus elecciones. La libertad creada es efecto del amor divino y por ello solo puede realizarse plenamente amando aquel Amor que es la causa de su ser; de tal modo que Dios, lejos de ser una objeción contra la libertad humana, es su fundamento último.

Por participar del ser y no ser el mismo Ser, el hombre es un ser finito y limitado, de modo que sus facultades, por muy excelsas que sean, son finitas y limitadas. Por consiguiente, aunque el entendimiento humano y la libertad humana son facultades que de por sí están abiertas a la infinitud, se manifiestan en el hombre de un modo finito y limitado. El entender humano, de suyo infinito —en cuanto entender—, se da siempre de un modo limitado, concretado. De igual modo, el querer humano, infinito en su naturaleza propia, se da limitadamente en la volición humana. De esta limitación ontológica de la criatura surge la posibilidad del mal y del error.

Privaciones del bien y de la verdad, el mal y el error no son entidades que tengan una realidad ontológica propia, sino que se trata de modos defectuosos de presentarse el bien y la verdad. Tal como pudimos ver más arriba, el mal y el error no son entidades que tengan un ser propio, sino que son deficiencias del ser de otras entidades.

La libertad creada puede querer el mal, pero esto no forma parte de la esencia de la libertad, sino que es una manifestación de una libertad deficiente, ya que la elección del bien hace referencia al ser, pero la elección del mal hace referencia al no-ser; es decir, a la nada. Por esto, una libertad que ama el mal y elige el mal es una libertad vacía, en cuanto que su fundamento y su tendencia son la nada, el no-ser, y no la riqueza ontológica del ser. De modo, que una libertad que elige voluntariamente amar el Ser Absoluto es la que más puede llenarse, es la liberta más plena de todas. Por lo que, nuevamente, vemos que Dios no es incompatible con la libertad humana, sino que es su plenitud.

Resulta de importancia capital evitar confundir la libertad con la noción de una independencia absoluta. Si la libertad en cuanto tal implicara una independencia absoluta, entonces la libertad divina sí que resultaría incompatible con la libertad humana, pues sería imparticipable y, por ello, no podría haber habido creación de seres libres finitos; y, sin embargo, los ha creado. Así pues, no tiene nada de extraño que la libertad creada no sea absolutamente independiente, sino que necesite de una causa final que la determine genéricamente, orientando su obrar, de un modo general, en una cierta dirección.

Esa determinación genérica de la libertad creada es la que le orienta, de suyo, al bien. Esta determinación genérica al bien no es una simple tendencia o aspiración al bien en general, sino que se trata de un conocimiento del bien como fin genérico del obrar humano, fin que será preestablecido en cada una de las elecciones del acto volitivo que moverán al sujeto a realizar una determinada acción. De este modo será este acto de amor electivo, es decir, la elección del fin propio del obrar humano, lo que fundamentará la moralidad de dicho obrar.

Ahora bien, el conocimiento del fin, que se da siempre bajo la razón formal del bien *sub rationis bonis*, puede concretarse de dos maneras: queriendo lo que es bueno en sí y por sí, o apeteciendo lo que es bueno solo para mí. Es decir: eligiendo el *amor benevolente* (que es el amor que quiere el bien para el otro y en ello encuentra su propio bien), o eligiendo el *amor sui* (que es el amor de quien se busca a sí mismo como primera, y quizás única, elección).

Lo dicho en el párrafo anterior es de suma importancia, pues revela que, de suyo, la elección de la libertad jamás se da entre el bien y el mal, como pudo haberse entendido de lo que dijimos anteriormente al hablar de la posibilidad de «querer el mal» por parte de la «libertad deficiente». En efecto, la libertad creada no elige entre el bien y el mal de suyo, sino entre el bien en sí y por sí y el bien para mí. En cuanto tal, nadie quiere el mal. De suyo, el mal no es querido por sí mismo. Podría objetarse que esto es cierto aplicado a uno mismo; es decir, nadie querría un mal en cuanto tal para sí mismo; pero —y sigue la aporía— sí podría suceder que alguien quisiera el mal para otros. La objeción se supera teniendo en cuenta que cuando alguien quiere el mal para «el otro», ciertamente lo quiere en cuanto mal para el otro, pero lo quiere en cuanto bien para sí; pues, como mínimo, se complace en el mal del otro.

XXXVII

El suicidio metafísico de la libertad

Es un mérito a registrar en el haber de Sartre el comprender con meridiana lucidez en qué consiste ese suicidio metafísico de la libertad y qué es lo que representa para ella el prescindir del fundamento trascendente de su ser y querer autodeterminarse de un modo radical y absoluto. Una libertad que se quiera a sí misma en esa dimensión es una libertad que se pierde en la imposibilidad del no-ser; o como dice el más ilustre de los representantes del existencialismo francés: «Una libertad que se quiere libertad es, en efecto, un ser-que-no-es-lo-que-él-es, y que-es-lo-que-él-no-es, que escoge, como ideal de ser, el ser lo que-él-no-es y el no-ser-lo-que-él-no-es. Escoge, pues, no retomarse, sino huir de sí, no coincidir consigo, sino ser siempre a distancia de sí»[259].

En la práctica esto significa que un ser creado que quiere ser sin el Ser que libremente lo ha creado es un ser que no quiere ser, o que quiere no-ser. En definitiva, se trata de un suicidio metafísico que, en caso de pérdida de significado del sentido de la vida, puede desembocar en un suicidio físico, ya que la pérdida del sentido metafísico de la existencia humana puede

---

259 Sartre, J. P.: *El ser y la nada*; Alianza Editorial, Madrid, 1984, p. 722.

llevar a la pérdida del interés por persistir en el ser. La libertad creada ha de elegir, en cuanto fundamento y fin de su ser, entre «Dios» y «yo». Así pues, la libertad ha de asumir el principio de no contradicción en el origen de la vida moral.

En la metafísica moderna se produce una pérdida de la noción de acto de ser y de participación analógica del ente en el Ser, de este modo se pierde, concomitantemente, el propio referente: el mismo Ser Subsistente trascendente y creador desde la nada. Al perder su fundamento metafísico natural, la realidad de la persona se ve desplazada al terreno de lo universal abstracto o del colectivismo substantivado; de manera que el pensamiento moderno pondrá el fundamento del hombre en cuanto hombre, es decir en cuanto persona, o bien en la Humanidad, en la Historia, el Mundo, el Progreso, la Clase, el Estado, o bien en alguna otra naturaleza de esta índole. El caso es que la única realidad consistente sería la totalidad de las realizaciones del «sistema». Pero, si esto es así, lo que verdaderamente sucede es que la persona desaparece, porque en esta nueva relación solo uno de los términos es real: la persona humana concreta. Cualquiera de las otras entidades es una abstracción que solo es posible gracias a la existencia de personas reales que las crean (de crear), las crean (de creer) y las sostengan.

La relación entre estos dos términos ya no es real, sino de razón, con lo que el individuo queda absorbido por el sistema, ya sea idealista o materialista; o bien se pierde en el absurdo de una existencia sin significado, de manera que el hombre, «condenado a la libertad» al carecer de todo punto de referencia, se convierte en un proyecto que siempre estará frustrado y, por ende, el hombre, en cuanto tal, pasa a ser una pasión inútil, como gustaba decir Sartre[260].

---

260 Sartre, Jean Paul: op. cit.; p. 644. ¿Qué significa esta afirmación sartriana? ¿Por qué dice esto Sartre? ¿Qué implicaciones comprende? Trataremos todas estas cuestiones en otra obra.

La elección aquí estriba entre un infinito imaginario, que acaba siendo tiránico, pues es el reino de la necesidad (a este respecto, decía Albert Camus que nadie que ha ostentado el poder absoluto ha dejado absolutamente de poder), y un finito empírico que, como sostenía Hume, no tiene razones ni para hacerse caso a sí mismo. En la primera opción es una abstracción quien asume las prerrogativas de Dios, pero en tal caso ya no hay amor, y por ello desaparece automáticamente la libertad en su sentido más auténtico. En la finitud absurda todo es *indiferente*. Sin Dios no hay fundamento, de manera que la libertad queda abandonada a sí misma, o bien apresada en la necesidad de las leyes del devenir de la Historia y de la naturaleza, o bien deambulando absurdamente en el diseño de una biografía que jamás podrá fundamentarse ni realizarse.

La libertad humana, lejos de ser anulada por la existencia del Ser Absoluto, encuentra su fundamento en el amor de Dios. En efecto, la creación es una donación gratuita del ser al ente por parte del mismo Ser Subsistente; por eso mismo es amorosa, pues lo que Dios quiere al crear es la participación en el bien por parte del ente creado. En el caso de las criaturas inteligentes Dios quiere que, por un acto de amor electivo, la criatura elija amar voluntariamente a quien es la fuente amorosa de su ser. Por eso, el primer mandamiento de la Ley de Dios[261] dice que la criatura libre ha de amar a Dios con todas sus fuerzas, con todo su ser y sobre todas las cosas.

Podría objetarse que es una contradicción «mandar amar». A ello cabría responder que amar es, precisamente, lo único que solo se puede «mandar», a todo lo demás se puede forzar. En efecto, Dios pide que se le ame, pero no fuerza ni obliga a ello. Justamente aquí es donde reside la grandeza y el riesgo de la elección humana. Pues eligiendo libremente amar a Dios (de tal manera que manifieste ese amor en una vida que intente

---

261 Conviene recordar que la Ley de Dios es precisamente la Voluntad buena de Dios para con sus criaturas libres.

encarnar sus preceptos identificándose con Cristo), el hombre puede culminarse a sí mismo, pero también puede elegir el rechazar el amor de Dios. En este caso, y muy a su pesar, Dios respetará tal decisión por toda la eternidad, pues no puede contravenir sus propias reglas y no puede obligar a amarle a quien, voluntaria y conscientemente, no quiere hacerlo.

XXXIX

La hegemonía de la indiferencia

La indiferencia religiosa es, por muy paradójico que pueda resultar, la forma más radical de ateísmo que se pueda dar, ya que el rechazo del amor de Dios, del que hablábamos al final del epígrafe anterior, se produce de un modo total puesto que Dios ha desaparecido por entero del horizonte de inquietudes del sujeto en cuestión, de manera que no tiene interés ni en hablar en contra de Dios. Esta forma de ateísmo es la que se ha extendido masivamente por nuestra sociedad occidental hasta llegar a unos límites jamás conocidos con anterioridad.

En efecto; ya vimos al principio de este libro como durante milenios el ateísmo resultó ser un fenómeno minoritario. A partir del siglo XIX, en cambio, se fue extendiendo cada vez más por las distintas capas de la sociedad. Primero se manifestó como la expresión de una reducida élite intelectual, pero bien pronto llegó a todos los rincones de la sociedad. La inmensa masa de trabajadores formada por la nueva clase proletaria (nacida a la sombra del creciente número de fábricas que en pocas décadas fueron extendiéndose por buena parte de Alemania, Gran Bretaña, Bélgica, por el norte de países como Francia, Italia y España y por regiones de centro Europa como

Bohemia y Moravia o Eslovaquia, así como, en menor medida, por otras tierras del Viejo Continente) fue el terreno propicio para que fermentara y floreciera la revolución comunista fomentada por el pensamiento marxista (aunque, paradójicamente, dicha revolución se dio por primera vez en el imperio ruso, que era básicamente agrícola y no industrial). Entre el proletariado europeo fue arraigando la noción de que Dios no era otra cosa que una idea inventada por las superestructuras capitalistas para tener un dominio sobre las conciencias de los trabajadores y así aplacar su sentimiento de frustración y poder asegurarse una sumisión que quedaría compensada con el premio del paraíso eterno en la otra vida, de forma que se evitara la revolución, ya que los mansos serían los bienaventurados mientras que, por otra parte, resultaría más fácil ver pasar un camello por el ojo de una aguja que ver entrar a un rico en el reino de los cielos.

Aunque pueda parecer que el siglo XIX y la primera mitad del XX están jalonados por un cierto número de ateos teóricos ilustres, la realidad no es exactamente así. En efecto, Karl Marx no se entretuvo en gastar fuerzas intentando demostrar la inexistencia real de Dios, pues sostuvo que esa tarea ya la había realizado Ludwig Feuerbach y, por tanto, para diseñar el nuevo futuro de la humanidad, partió del *hecho* de que Dios no existía. En realidad, la existencia o inexistencia de Dios le resultaba indiferente, lo importante era que el proletariado tomara conciencia de clase y realizara la revolución. No es exageración alguna afirmar que en Marx el ateísmo es un presupuesto de todo su pensamiento: filosófico, político, moral, social, económico, histórico, científico.

Con Nietzsche sucede algo similar. En efecto, tampoco es un ateo teórico en el sentido de que se dedique a proponer pruebas racionales de la inexistencia objetiva de Dios. Tal como él mismo confiesa, en él el ateísmo se presupone, es, tal como sucedía con Marx, un supuesto esencial de todo su pensamiento. Tres cuartos de lo mismo pasa con el caso de Sartre, Camus o Simone de Beauvoir. En todos ellos el ateísmo deviene en indiferencia ante el hecho de que Dios pueda existir o no. La existencia del Absoluto es, según todos estos pensadores, irrelevante para el hombre, ya que este se haya solo en el universo y tiene la responsabilidad de conquistar y ejercer su libertad.

Si los supuestamente padres del ateísmo teórico eran en realidad indiferentistas, ¿qué es lo que cabría esperar de las grandes masas totalmente desinteresadas por las elucubraciones filosóficas? La realidad es que desde los años sesenta del pasado siglo el indiferentismo religioso ha ido ganando terreno progresivamente en Europa Occidental, Escandinavia y, posteriormente, en otras zonas de Europa. El auge del indiferentismo religioso ha ido acompañado por una reducción del ateísmo abiertamente beligerante. En efecto, al mismo tiempo que remitía el crecimiento del ateísmo militante, el agnosticismo crecía de una manera espectacular. De este modo, la consecuencia inmediata del enorme incremento que ha experimentado el agnosticismo en los últimos años ha sido el espectacular desarrollo que ha tenido el indiferentismo religioso.

Las filas del indiferentismo se engrosan desde distintas procedencias. Una de ellas la acabamos de citar; nos estamos refiriendo al agnosticismo. Pero no es este su única cantera, ya que otra fuente de militantes potenciales para el indiferentismo, y cada vez en una escala mayor, la representa el conjunto formado por los *creyentes no practicantes*. La suma de estos factores da como resultado el hecho de que la indiferencia parece erigirse como la gran ganadora de la crisis religiosa de las últimas décadas.

Ahora bien, el indiferentismo no supone el final absoluto de toda preocupación religiosa. Esto es algo que resulta absolutamente imposible. Poco o mucho, en un momento u otro de su vida, el hombre se plantea cuestiones trascendentes. Lo que sucede es que el indiferente suele soslayar rápidamente esos instantes para volver al tranquilo discurrir de la indiferencia. El retorno a la inmersión en la cotidianeidad es el antídoto del indiferente al asalto que, de tanto en tanto, se produce por parte de las ineluctables *huellas de la trascendencia*.

La indiferencia se presenta actualmente como una apuesta por la *libertad* y la *tolerancia*. El indiferente se aleja de la creencia por no ver en ella nada que pueda aportar algo positivo a la inmanencia del ser. El discurrir del ente se presenta de tal modo que, ante los ojos del indiferente, todo su ser se agota en la finitud. De este modo una causa trascendente se antoja como una hipótesis inútil. Además, el prejuicio que supone la gnoseología empirista del indiferentismo le lleva a considerar la hipótesis de la existencia objetiva de Dios como algo que no solo resulta inútil, sino incluso incierto e improbable, puesto que Dios jamás se habría dado como objeto de una experiencia empírica, de manera que nunca se podría haber verificado la objetividad de la proposición «Dios existe». Incerteza e improbabilidad en la lógica tolerante del indiferentismo equivalen a «imposibilidad».

XL

CAUSAS DE LA INDIFERENCIA

Aunque el indiferentismo religioso de las sociedades occidentales tiene la apariencia de ser un movimiento homogéneo, lo cierto es que la indiferencia religiosa en estado puro no existe. Se trata de un fenómeno complejo que responde a una situación humana compleja, fruto de múltiples factores pero que presenta una doble característica común. Desde el punto de vista subjetivo, el indiferentismo se caracteriza por la ausencia de inquietudes religiosas. Por otra parte, desde el punto de vista objetivo, el indiferentismo afirma la irrelevancia de la hipótesis de Dios y, concomitantemente, la de la religiosidad.

Para el indiferente, incluso el hecho de que Dios existiera resultaría irrelevante para el individuo. Sartre plasmó esta idea en una célebre fórmula: «Aunque Dios existiera nada cambiaría»[262]. Para el indiferente lo prioritario en su escala de

---

262 El texto íntegro dice así: «El existencialismo no es de tal manera un ateísmo en el sentido en que se agotara en demostrar que Dios no existe. Se declara más bien: si el mismo Dios existiera, nada cambiaría; tal es nuestro punto de vista. No es que creamos que Dios existe, pero pensamos que el problema no es de su existencia; es preciso que el hombre se reencuentre a sí mismo y se persuada de que nada le puede salvar de sí mismo, aun cuando hubiese una prueba válida de la existencia de Dios». (Sartre, Jean Paul: *El existencialismo es un humanismo*; Ed. Edhasa, Barcelona, 1989 p. 95).

valores es todo aquello que tenga que ver con la finitud de la cotidianeidad. Aquello que le hace ser feliz, los ideales que le permiten *realizarse* son puramente inmanentes y su consecución se circunscribe al ámbito de la finitud.

La reacción que experimentó Europa tras la I Guerra Mundial fue la de volver al esplendor y la frivolidad de la *Belle Époque* prebélica, como en un intento de recuperar el tiempo y el paraíso perdidos tras la horrorosa experiencia traumática que supuso la Gran Guerra librada entre 1914 y 1918. La ciega confianza puesta en la ciencia y la tecnología (entendidas como benefactores de la humanidad, y que alcanzaba su máxima expresión en el mito del progreso indefinido propuesto por el pensamiento ilustrado del s. XVIII y el positivismo decimonónico) se vio súbitamente quebrantada al comprender que el inmenso poder que albergaban en su seno podía ser puesto al servicio del ser humano y ser utilizado en la destrucción de los pueblos y las sociedades. Si a alguien le quedaban dudas, la II Guerra Mundial las disipó, influyendo en el pesar del ánimo de la población europea, como no podía ser de otro modo, de una manera decisiva durante la posguerra, momento en el que alcanza su auge la influencia del existencialismo ateo.

Los acontecimientos que se desarrollaron en el período que discurre entre 1939 y 1945 no sucedieron al azar. En realidad, no fueron otra cosa que la culminación de la lógica interna del pensamiento moderno. La progresiva pérdida de Dios, hasta llegar a la manifestación explícita de su muerte —al menos socialmente hablando—, la creciente exaltación de la autonomía de la libertad humana, la identificación de la esencia de la libertad con la espontaneidad, la lenta pero continua sustitución de la racionalidad del intelectualismo por el voluntarismo, la proclamación del fundamento inmanente de la moral, la negación de todo horizonte metafísico, la pérdida del valor del individuo en beneficio del poder omnímodo del Estado, la concepción del hombre como un fruto de la evolución ciega de la materia y un largo etcétera serán los elementos que se precipitarán en el alambique de los años treinta y cuarenta para acabar arrojando el balance desolador de sobra conocido. El holocausto y el genocidio, ideológico y racial, vividos primero en Europa y luego en el mundo entero durante el siglo XX, han sido la culminación natural de una lógica inherente a una determinada *Weltanschauung* en la que la parábola descrita por su lógica inmanentista acaba clavando la punta de su vértice en el seno mismo de su creador.

Desde que el voluntarismo y el nominalismo tardiomedieval inician la curvatura del hombre sobre sí mismo, la lógica de este proceder no ha dejado de actuar. Negada la objetividad de la bondad y la maldad intrínseca de la realidad, se consumará la transvaloración de todos los valores clásicos de la cultura occidental propuesta por Nietzsche, ya que el bien y el mal se convertirán en el fruto de la voluntad; así lo bueno será lo que esta quiera como un bien y lo malo será lo que apetezca como un mal, consumando así el triunfo de la voluntad de poder. Dicho de un modo clásico: algo no resulta querido por ser bueno, sino que es bueno porque es querido; esta es, precisamente, la tesis central del volitivismo axiológico.

Bien y mal se convierten, de este modo, en realidades relativas. Un relativismo que Baruch Spinoza asociaría a la posibilidad de seguir ejerciendo el poder absoluto. Pese a esto, aún se seguirá afirmando un orden moral fundamentado en Dios, pero la coherencia interna de ese orden será arbitraria o, mejor dicho, puramente voluntarista. De este modo se pierden los puntos de referencia estables y, sobre todo, las certezas. Esto será precisamente lo que querrá recuperar Descartes, pero su certeza fundamental ya no será objetiva, sino que se tratará de una certeza subjetiva. Esto le llevará a tener problemas para garantizar la objetividad de nuestras representaciones, cuestión que solucionará recurriendo a Dios como *puente inter-*

substancial, cuya bondad intrínseca y necesaria ha de garantizar, por definición, dicha objetividad.

Esta solución no convencerá a Spinoza, porque considerará que resulta incoherente con los principios del propio pensamiento cartesiano. De este modo Spinoza emprenderá un nuevo camino que pretenderá ser más coherente con la lógica racionalista. Aceptando la definición cartesiana de substancia (aquello que es en sí y por sí), la única realidad substancial que podrá existir será Dios. Pero Spinoza se apresura a identificarlo inmediatamente con la naturaleza. Las consecuencias inmediatas serán que la libertad, el bien, el mal, la culpabilidad, etc., desaparecen con la pérdida del Dios personal del cristianismo tradicional. Si en el voluntarismo nominalista el bien y el mal quedaban relativizados en virtud de razones teológicas, pues se procedía así para salvaguardar la omnipotencia divina, en el sistema de Spinoza bien y mal desaparecen porque el ser se agota en la necesidad.

El deísmo conservará un vestigio de Dios, pero se irá perdiendo paulatinamente a medida que el progreso del conocimiento científico vaya acotando su ámbito de influencia. De este modo el mecanicismo del atomismo materialista ilustrado irá rechazando a Dios desde la esfera de la física. Pero será David Hume quien cuestionará la metafísica y su aspiración a alcanzar realidades trascendentes mediante un conocimiento objetivo, y esto lo hará negando el valor trascendente del principio de causalidad y afirmando un nominalismo radical.

Para Kant la razón en su proceder teórico no está capacitada para alcanzar un conocimiento objetivo de Dios, pero en su uso práctico sí puede conseguirlo, si bien solo como postulado. Es una fe moral la que nos permite hablar de Dios con un mínimo de certeza objetiva, pero nunca como un conocimiento objetivo de carácter teórico, sino como una necesidad de tipo práctico. Esto es lo que se conoce como teísmo moral.

Marx y Nietzsche coincidirán en la afirmación de la indiferencia como la forma plena y radical de ateísmo. La indiferencia será considerada por estos pensadores como la madurez del ateísmo. De hecho, será, al unísono, su culminación y su superación. La indiferencia culminará el ateísmo porque representará la forma máxima de rechazo de la trascendencia, y será su superación porque en la indiferencia ya no será necesario volver a referirse a Dios, tal como puede percibirse en grandes masas de nuestros días.

También Sartre y Beauvoir verán en la indiferencia la forma más natural de rechazar a Dios. Encerrados en la inmanencia pura del obrar humano, la Trascendencia no es más que una referencia superflua. La tarea de la autocreación personal es tal que ha de absorber todas las energías del ser humano. En Marx sucedía esto mismo, solo que dicha tarea, en lugar de concentrarse en la autocreación individual, se centraba en la creación del ser social, la clase o la humanidad, estimando que el individuo concreto era algo carente de valor en sí mismo. ¡Cuántos millones de asesinatos se llegaron a cometer en los países comunistas a lo largo del siglo XX en nombre de este ideal!

Un ejemplo de agnosticismo desde la filosofía de la ciencia es el que se haya representado por Karl Popper. Esta es una de las grandes características definitorias de nuestro tiempo. En efecto, está bien extendida la creencia de que el conocimiento científico es la forma suprema de conocimiento humano (eso cuando no se afirma explícitamente que se trata de la única forma de conocimiento objetivo), de tal manera que solo él es capaz de desentrañar lo más profundo de la realidad. De modo que, todo aquello que la ciencia no logra explicar es porque queda más allá del horizonte de la racionalidad humana. En algunos casos aún se exagerará más y se considerará que lo que no cae dentro del objeto de estudio de la ciencia, pura y simplemente no existe. Así, se podrá llegar a pensar que si la ciencia no conoce a Dios, no es debido a una insuficiencia metodológica de aquella, sino a la inexistencia de Este. Usando terminología posmoderna podríamos decir que un reduccionismo de este calibre sí que es un verdadero *pensamiento débil*.

XLI

CLASES DE INDIFERENCIA

Una de las formas de indiferentismo se produce debido a un progresivo alejamiento de la praxis religiosa ocasionado por una cierta dejadez influida por el individualismo ambiental, de tal manera que puede tener como efecto una conducción del sujeto hacia la indiferencia religiosa.

También puede llevar a la indiferencia la falta de valoración de los contenidos de la fe fruto de una incomprensión de estos. Una formación insuficiente, ya sea por deficiencias del instructor o por falta de interés del instruido, puede tener como consecuencia una infravaloración de los datos de la fe que acabe produciendo un alejamiento. La incomprensión del sentido de los contenidos de la fe es fácil que lleve a un alejamiento de estos. Como dicho distanciamiento no tiene por qué ser traumático, el rechazo de la fe no será conflictivo, sino que conducirá a lo que podríamos calificar de «indiferencia balsámica».

La indiferencia religiosa también puede ser el resultado de algo que podría llamarse absorción psicológica. En efecto, en una conciencia moral deficientemente formada, un apasionamiento psicológico puede velar el interés religioso. Se trataría de un conflicto de valores vivido y resuelto sin dramas.

La denominada absorción psicológica consistiría en canalizar la energía vital hacia proyectos personales que llenan la vida cotidiana sin que se perciba el vacío religioso ocasionado. Se trata de centrar toda nuestra energía, intereses y esperanzas en la consecución de fines mundanos, de manera que el esfuerzo por su obtención absorba toda nuestra atención y todas nuestras fuerzas.

La indiferencia por absorción psicológica puede producir otro tipo de indiferencia, la que se deriva del *compromiso social*. En efecto, a veces el distanciamiento de la fe se produce en virtud de una presunta incompatibilidad de ideales; de este modo el sujeto considera que debe cambiar un marco conceptual por otro. El compromiso puede ser de carácter social, político, cultural o ideológico. En realidad, se trata de una falsa alternativa: en opinión del ateo indiferentista hay que elegir entre la fe o el compromiso humano. Esto denota una falta de comprensión del sentido profundo del compromiso cristiano, pues este no es posible si no se integra dentro de una praxis consecuente. Si se cree que la fe no aporta nada específico y valioso al compromiso humano, resultará fácil verla como una rémora superestructural, una ficción ilusoria o, en el peor de los casos, un signo patológico fruto de una neurosis obsesiva. Una fe así entendida es fácil que se diluya en la indiferencia psicológica o en la indiferencia intelectual.

Otros ateos indiferentistas lo son porque ven en la indiferencia religiosa la salida a un conflicto personal. Hemos visto cómo una característica común a toda forma de indiferentismo religioso es su aparición e instalación progresiva, gradual y casi imperceptible. Ahora bien, en ocasiones pueden producirse ciertos conflictos tales como: experiencias traumáticas o decepcionantes con otros creyentes o la percepción del error de ciertos elementos pedagógicos. Pero también pueden influir otros factores como el cansancio espiritual individual personal o el vacío existencial experimentado en una sociedad de puro consumo. En muchas ocasiones estos conflictos se resuelven apostando por la finitud. La evidencia de lo finito, la seguridad de lo concreto, puede constituirse en una morada en la cual se posibilite habitar sin preguntas, sin dudas, sin crisis o sin exigencias que puedan perturbar esa paz intramundana del espíritu. Al menos esto es lo que cree el indiferente.

XLII

LA INDIFERENCIA COMO SITUACIÓN SOCIAL

La indiferencia religiosa no es solo una actitud psicológica o una experiencia personal, sino que se trata más bien de una situación social, una especie de atmósfera en la que todo sucede como si no existiera la cuestión de Dios.

En rigor, la indiferencia religiosa se resuelve en una selección subjetiva de valores en la que el individuo abandona aquellos que son de carácter religioso por considerarlos irrelevantes para la vida diaria, se abandonan por inservibles. Pero esta decisión se ve fuertemente influenciada por la presión social que supone la secularización que ha experimentado el mundo occidental. La laicización se ha confundido con una secularización entendida como desacralización y mundanización; en definitiva, se trata de una apuesta por la inmanencia del ser, de la que venimos hablando a lo largo de todo el libro.

Si la secularización la entendemos como un movimiento que promueve el respeto a la libertad religiosa individual, el secularismo será la afirmación del hombre autónomo, la exaltación del hombre, una entronización que desplazará a Dios para encerrar a la persona humana en la inmanencia del ser.

Mientras que la secularización es un complejo proceso cultural e histórico, el secularismo constituye una ideología excluyente y totalitaria. De esta suerte, la secularización aún concede alguna oportunidad a la religión; el secularismo prácticamente ninguna.

La actual estructura social de Occidente anima a la indiferencia religiosa. La urbanización, la industrialización, las migraciones, el ritmo de trabajo y de consumo, el primado de la eficacia, la competitividad (no hemos de olvidar que nuestra sociedad es agonal), el relativismo moral, el utilitarismo ético, el relativismo gnoseológico, el cientificismo, etc., han modificado la tradicional escala de valores. En este punto el tiempo le ha dado la razón a Nietzsche; efectivamente, en la segunda mitad del siglo XX se operó una transmutación de los valores de la sociedad occidental.

En nuestros días el camino que conduce de forma masiva al ateísmo indiferentista ya no es el ataque directo contra la fe mediante argumentos racionales que intentan demostrar que Dios no existe, sino que se produce a través de la presentación por parte de los grandes medios de comunicación de un mundo en el que Dios ya no cuenta para nada, y la oración no es otra cosa que una pérdida de tiempo, a no ser que le atribuyamos un valor psicológico en cuanto que produciría relajación, paz de espíritu, confianza en uno mismo, autodominio y equilibrio emocional. Como puede verse, se trata de cualidades subjetivas y no de un sentido real del valor de las súplicas en cuanto se cree que estas van a ser respondidas por alguien sobrenatural que las escucha.

El indiferentismo religioso se ha implantado de tal manera en nuestra sociedad que, tal como dijimos en la primera parte, se ha convertido en una característica que define al hombre occidental de nuestro tiempo; hasta el punto de lograr que creer ya no esté de moda. En efecto, tener fe en Dios parece algo que deba limitarse al ámbito de la pura subjetividad, de tal modo que el ateísmo indiferentista habría llegado a tener una dimensión auténticamente sociológica. Por esto dice Luis González Carvajal que: «Si analizamos las cosas con detenimiento, acabaremos llegando a la conclusión de que muchos alejamientos de la práctica religiosa se deben tan solo al convencimiento de que la religión hoy *no se lleva*, no está de moda. Igual que, en el pasado, hablábamos de un «cristianismo sociológico» para designar una postura religiosa que no era fruto de una opción personal sino del «dejarse llevar», hoy podríamos hablar, sin duda, de una «increencia sociológica» para referirnos a todos aquellos que no rechazaron personalmente la fe, sino que se dejaron llevar por la corriente» [263]. Tal como pudimos comprobar en el primer capítulo de la primera parte, Xavier Zubiri y Jean Lacroix secundarían este punto de vista.

---

263 González Carvajal, Luis: *Evangelizar en un mundo postcristiano*; op. cit.; p. 100.

XLIII

¿CÓMO DIALOGAR CON LA INDIFERENCIA?

Evidentemente, hemos llegado al punto crucial. La cuestión no es nada sencilla, puesto que resulta de una gran complejidad. Con el ateo se puede debatir en torno a Dios. En efecto el ateo habla de Dios para negarle, claro está, pero habla de Él. Con el indiferente, en cambio, es muy difícil abordar el tema de Dios pues, en principio, niega incluso el debate, ya que rechaza el diálogo por considerarlo una pérdida de tiempo, una inutilidad total. Por esto Marx concebía a la indiferencia como el estadio de plenitud al que debía llegar el ateísmo; este debía ser superado por la indiferencia, pues ella representaba la máxima forma de negación de Dios. Al indiferente no le interesa el problema de la trascendencia; es más, posiblemente incluso le aburra hablar de ello. En estas circunstancias no es de extrañar que Antonio Jiménez Ortiz afirme que: «La respuesta pastoral al problema de la indiferencia resulta más difícil y compleja que la confrontación con los argumentos del ateísmo y del agnosticismo»[264].

---

264 Jiménez Ortiz, Antonio: *Ante el desafío de la increencia*; op. cit., p. 87.

En ocasiones parece que solo la catástrofe o el desastre son capaces de conmover y, por ello, es como si solo estas situaciones pudieran sacar a alguien de la indiferencia. Karl Jaspers ya habló del valor positivo que pueden tener las situaciones límite para despertar el espíritu de su letargo; José Luis Aranguren también, y lo hizo con acierto, tal como tuvimos ocasión de ver con anterioridad.

Para poder establecer un diálogo con el indiferente en relación a las cuestiones trascendentes creemos que puede ser una buena estrategia el emprender una reflexión en torno a valores sociales imprescindibles y comúnmente aceptados. Así, todas las cuestiones relativas a los derechos humanos (lo que nos lleva, inevitablemente, a reflexionar sobre la moral y los valores), el respeto a la libertad, la tolerancia, el pacifismo —entendido como educación para la paz—, la solidaridad, o el ecologismo —entendido como crecimiento sostenido o crecimiento armónico del estado de bienestar respetando el medio ambiente— pueden servir como punto de partida para el diálogo con el indiferente. En efecto, todo el mundo quiere ser feliz, y el indiferente no constituye ninguna excepción; es más, el indiferente lo es porque considera que la obtención de la felicidad se haya en la identificación absoluta con la finitud, de tal manera que cualquier alusión a la trascendencia supondría una traición a la finitud y con ello se produciría una enajenación que menguaría su nivel objetivo de felicidad.

La reflexión en torno a ciertos valores personales y sociales imprescindibles para la digna realización de la vida humana en común puede ser un buen camino para poder llegar a dialogar con el indiferente en torno a la Trascendencia. La reflexión sobre dichos valores conlleva, inevitablemente la interrogación en torno a la cuestión del fundamento. Si queremos huir de un relativismo axiológico radical que sería absolutamente nihilizante y que, en el fondo, dejaría sin fundamento racional posible a tales valores, no queda otro remedio que plantearse la necesidad de encontrar un fundamento objetivo absoluto que cimiente de un modo universal y perenne a dichos valores.

¿Por qué los derechos humanos han de ser universalmente válidos? ¿Por qué he de respetar la libertad de los demás? ¿Por qué resulta absolutamente inaceptable la manipulación, que en algunos casos ha llegado hasta el holocausto o a los gulags, a la que han sometido a la persona humana las concepciones políticas totalitaristas? ¿Cuál es el fundamento de la dignidad humana? La reflexión en torno a otras preguntas inalienables a todo ser humano tales como la interrogación por el sentido de la vida, del dolor, del mal y de la muerte pueden y deben servir como reflexiones propedéuticas que, si se quieren tratar a fondo, requieren una inevitable alusión a la Trascendencia.

Así, para aspirar a salir de la indiferencia ambiental que se respira en nuestros tiempos, se requerirá un profundo debate filosófico sobre dichas cuestiones. Pero se ha de tratar de un debate muy especial, pues las reflexiones filosóficas, que inevitablemente habrán de resultar abstrusas en virtud de la naturaleza de los temas, deberán presentar sus resultados del modo más comprensible que se pueda, a fin de que sean accesibles al máximo número posible de personas. De esta manera habrá ocasiones en las que el filósofo deberá hacer un gran ejercicio de humildad y tendrá que esforzarse por presentar las verdades de su reflexión de un modo sencillo e inteligible; en definitiva, accesible a un público no especializado pero necesitado de dichas reflexiones y que, en el fondo, está ansioso por recibir luz en esas cuestiones, pues es humanamente inevitable.

Lo que acabamos de decir puede extrañar al lector hasta el punto de considerarlo como algo objetivamente contradictorio con todo lo que llevamos afirmado en torno a la extensión y magnitud que ha llegado a alcanzar la indiferencia en nuestros tiempos en las sociedades occidentales, así como en relación a la radicalidad de su naturaleza. Creemos que no existe tal contradicción si tenemos en cuenta que dicha indiferencia en muchos casos no deja de ser un mecanismo de defensa psicológico frente a la aterradora angustia existencial que supone la falta de respuesta a dichos interrogantes. La abrumadora soledad que representa para el espíritu humano el carecer de respuesta a dichas incógnitas hace que resulte casi imposible vivir en dicho vacío existencial sin experimentar una sensación de náusea por la carencia de sentido de la existencia humana en un mundo sin Absoluto, como la que manifiesta Roquetin, el protagonista de la célebre novela sartriana *La náusea*, paradigma literario del ateísmo existencialista y que tendremos ocasión de analizar en otra obra.

Una manera de superar este trauma puede consistir perfectamente en negarse a plantearse tales cuestiones volcando el espíritu en objetivos puramente finitos. La vida humana se convertiría así en una especie de movimiento caleidoscópico cuyo horizonte se limitaría a la pura inmanencia y se autoprotegería del acecho de la angustia existencial mediante la velocidad vertiginosa con la que se sucederían los anhelos finitos del espíritu humano. De este modo *Ser y Tiempo* estarían íntimamente ligados, pero ya no en el sentido en el que quiso presentarlos Heidegger. Ahora el tiempo —finito— sería el cauce en el cual se disolvería el ser. El ser se ahogaría, por agotamiento, en un devenir exhaustivo, no habría valores permanentes, todos los valores serían puramente convencionales y temporales, constantemente se estaría produciendo una transvaloración, de este modo podríamos llegar a creernos que no era necesario interrogarnos por el fundamento de dichos valores, ya que tal fundamento no podría ser otro que la voluntad de nuestro consenso. Y así la *voluntad de poder*, el llegar a ser lo que queremos ser, sería el criterio último de verdad y de bondad de los valores morales actuales.

236

XLIV

Claves para la nueva evangelización

La evangelización ha sido una de las principales tareas a las que ha tenido que hacer frente la Iglesia desde sus mismos inicios. Desde luego, nunca ha sido una tarea fácil y, en ocasiones, incluso ha resultado muy peligrosa. Ahora bien, hace dos mil años las personas que estaban por cristianizar creían en otras religiones, de modo que se trataba de hacerles comprender que cambiaran de credo y de divinidad a venerar, lo que no era poca cosa pero, al menos, había elementos comunes entre los apóstoles y las personas a las que se pretendía convertir. En los siglos XIX y XX, el diálogo con los ateos teóricos positivos (los que intentaban dar pruebas racionales de la inexistencia de Dios) también era posible, puesto que los dos interlocutores hablaban de lo mismo: de Dios, solo que unos para negarlo y los otros para afirmarlo. Pero en la segunda mitad del siglo XX, y en lo que llevamos de s. XXI, la situación ha cambiado radicalmente. La eclosión del indiferentismo ha transformado el escenario.

La evangelización siempre será una de las principales tareas a las que ha de hacer frente la Iglesia, en virtud de la propia naturaleza del mensaje cristiano. En efecto, para conseguir la salvación de su alma una persona ha de frecuentar los sacramentos, que son el medio ordinario querido por Dios para recibir su Gracia. Pero resulta evidente que una persona solo se acercará a los sacramentos si ha sido evangelizada, o sea, si ha escuchado la Buena Nueva traída por Jesús. Existen conversiones que son tumbatibas, pero son las menos y, en cualquier caso, también necesitan de una labor catequética que alimente y haga crecer esa metanoia repentina. Así pues, la Iglesia en general y el creyente en particular se topan siempre con la necesidad de evangelizar.

Dios quiere que todas las personas se salven y puedan pasar la eternidad en el Cielo, donde gozarán de la máxima felicidad posible. Esto significa que la llamada a la santidad es universal. Para llevarla a cabo Dios ha querido que esta llamada se haga, de ordinario, no mediante una iluminación o revelación interna, sino que en la mayoría de los casos se hace a través de la labor apostólica de otros creyentes; es lo que se denomina «transmisión de la fe». Las palabras evangelizadoras de un creyente a otra persona son el instrumento utilizado por el Espíritu Santo para remover y renovar el alma de la persona que escucha el mensaje de Cristo.

La primera evangelización la hicieron los apóstoles, teniendo como objetivos las tierras de Oriente Próximo, Grecia, Italia y otras zonas del Mediterráneo europeo. Posteriormente se evangelizó el resto del continente y de aquí partieron los evangelizadores para tierras de misión en América, Asia y África. Pero el paso de los siglos ha hecho que, en la actualidad, el Occidente cristiano acabe reconociéndose también como tierra de misión, de tal modo que se puede observar cómo vienen sacerdotes de América y África a reevangelizar el Viejo Continente.

En la Europa actual, el fenómeno del ateísmo ha alcanzado una nueva dimensión que dificulta mucho la tarea de la reevangelización. En efecto, el ateísmo actual se caracteriza por ser universal y práctico. Ya hemos dicho en varias ocasiones que no se trata de un ateísmo beligerante, en el sentido de que busque dar pruebas racionales de la no existencia de Dios, sino que es una actitud personal vivida de forma irreflexiva, pues el ateísmo es concebido como un presupuesto existencial. El ateísmo masivo de hoy es la indolora indiferencia religiosa, el indiferentismo; por esto mismo resulta tan difícil evangelizar al ateo actual, porque su postura vital es la indiferencia ante Dios y frente al hecho religioso. Es lógico que, ante quien afronta así la vida, resulte muy difícil el poder convencerle, a través de la palabra, del profundo valor de los contenidos de la predicación apostólica.

Es normal que una persona que no tiene interés alguno en conocer las enseñanzas evangélicas no desee frecuentar los sacramentos. Quizás esté bautizada, incluso que haya hecho la primera comunión y, tal vez, aunque empiezan a ser los que menos, que haya recibido la confirmación, pero cada vez es mayor el número de personas que no asiste a la Santa Misa dominical ni acude al sacramento del Amor de Dios o confesión.

Otra muestra del alejamiento de nuestra sociedad en relación a los sacramentos lo constituye la evidencia del descenso en el número de cónyuges que deciden contraer matrimonio por el rito católico en España. Dicho de otro modo, que en nuestro país cada vez se casa menos gente por el rito de la iglesia católica. Al mismo tiempo, el número de divorcios entre parejas que se casaron por la Iglesia va en aumento. Desde luego, todos estos datos significan algo.

Si se quiere recristianizar la sociedad occidental mediante una nueva evangelización, hay que ser realistas. Hay que hacer una radiografía fidedigna que refleje verazmente el estado real de nuestra sociedad por lo que al hecho religioso se refiere; sin pesimismos ni derrotismos estériles y paralizantes, pero tampoco sin optimismos objetivamente infundados que no serían sino equivalentes a hacerse trampas a uno mismo cuando está jugando al solitario.

De cara a la nueva evangelización, quizás pudiera ser interesante preguntarse qué es lo que aporta la fe cristiana al ser humano. Si el ateo indiferentista no ve en ella ningún tipo de valor que le resulte especialmente atractivo, ¿cómo poder dialogar con él?

Existen múltiples visiones interpretativas del sentido de la existencia humana, pero mientras el cristianismo sea visto únicamente como una cosmovisión más entre muchas otras, no presentará una atracción peculiar, simplemente será una opción más a elegir entre una pluralidad de propuestas. Se trataría de una opción legítima, ¡claro que sí! Pero que, en un mundo posmoderno en el que impera el relativismo, su aspiración a ser considerada como la única opción verdadera no tiene sentido alguno.

Si no se encuentran nuevas formas de presentar hoy a Dios, si no se consigue hacer creíble el mensaje de Cristo al hombre posmoderno, entonces la fe cristiana corre el peligro de ir apagándose como una llama que no encuentra su alimento. Si los cristianos no son capaces de hallar el modo de recorrer nuevos senderos que posibiliten un diálogo real entre la fe cristiana y la cultura actual, el hombre de hoy no podrá dejar de ver al cristianismo como una doctrina que tuvo su valor en el pasado, pero que en el presente ya no dice nada valioso que pueda contribuir al progreso de la sociedad. Es más, en este escenario, algunos de los elementos de la moral cristiana, especialmente los que hacen referencia a la ética sexual, podrían ser percibidos como valores caducos que no son otra cosa que una rémora para el mencionado progreso y una carga difícil de sobrellevar para la persona individual.

Es cierto que uno de los grandes problemas de la sociedad occidental es que Dios está desapareciendo del horizonte de los hombres. Para evitar esto, el cristiano ha de saber enseñar lo que vive, pero, sobre todo, ha de esforzarse por vivir lo que enseña. Por esto mismo, en la nueva evangelización, la apuesta es por la autenticidad frente a la apariencia. Si no es así, será muy difícil frenar el progresivo proceso de descristianización y su concomitante pérdida de valores. Se podrá argumentar que el crecimiento que está experimentando el cristianismo en África, Asia o Sudamérica compensa con creces la situación en Europa, pero esto implicaría un ingenuo desdén hacia el poder de la globalización cultural.

Es posible que el mundo se haya alejado de Dios porque el cristianismo se ha alejado del mundo. No porque el contenido del mensaje ya no tenga valor para el hombre actual, sino porque no se acaba de dar con la manera de elaborar un discurso que permita sintonizar con la sensibilidad de este tiempo de forma que despierte la atención de quienes lo viven. La iglesia ha de tener presente, pues, que debe anunciar el Evangelio a un hombre culturalmente distinto al que lo ha hecho hasta ahora, de modo que el canal de expresión de la palabra de Cristo ha de recorrer nuevos cauces; así pues, hay que saber transmitir el concepto de Dios en un mundo secularizado. En este sentido resulta prioritario saber despertar el agrado por la vida cristiana, la simpatía por su estilo de vida, de manera que los mandamientos no sean percibidos como un recorte de la libertad humana, sino como el curso en el que esta puede alcanzar su máxima expresión. El testimonio de las personas que han sido, y que son, capaces de vivir la fe cristiana con autenticidad y fidelidad resulta esencial para dar credibilidad al mensaje. En efecto, ¿quién puede dudar de la verdad del mismo viendo el ejemplo de la Madre Teresa de Calcuta así como el de sus hijas? Por la misma razón resulta tan dañino el mismo caso, pero a la inversa; por eso es importante hacer comprender que los errores del cristiano no son fruto de la doctrina, sino de la falta de fe o de una fortaleza deficiente por parte de algunos de sus miembros.

¿Cómo poder sintonizar, pues, con el hombre posmoderno de hoy? El camino no es, desde luego, la confrontación con lo negativo, sino establecer puentes de diálogo a partir de lo positivo, que seguro que es lo que les une. Por ejemplo, nadie quiere el mal por sí mismo, tal como pudimos ver anteriormente. En efecto, nadie quiere a las personas, a las cosas o a las circunstancias por el mal que hay en ellas, sino que todo el mundo las quiere por el aspecto positivo o bondadoso que tienen. Por esto mismo, un puente que puede facilitar el diálogo entre la fe cristiana y el ateísmo indiferentista es la reflexión en torno a valores tales como: la libertad, la tolerancia, la alegría, la solidaridad, la veracidad y tantos otros. En este caso cabe resaltar que la caridad es lo que, precisamente, hace creíble el mensaje cristiano, es lo que hace veraz el testimonio de la fe. La idea básica es hacer comprender que es en la persona de Cristo donde todos estos valores alcanzan su máxima expresión, es en él donde se dan en grado superlativo. Sobre este respecto, ya los filósofos griegos, como el presocrático Demócrito o el divino Platón, advirtieron que Dios es la causa de todas las cosas buenas; o lo que es lo mismo: todo lo positivo nace de Dios.

XLV
SUPERAR PREJUICIOS

Es evidente que en la actualidad se dan una serie de prejuicios contra el cristianismo. En efecto, aunque ya no están de moda los argumentos de los ateos teóricos, continúan existiendo unos prejuicios sobre la fe cristiana que se basan en clichés estereotipados. Los principales argumentos en esta línea suelen presentarla como algo anticuado, una propuesta de vida poco moderna. Por otra parte, las verdades del cristianismo serían muy pobres por tratarse de verdades no científicas; es más, la explicación religiosa de la realidad sería percibida como una expresión de la ignorancia de la humanidad, cuya necesidad se ve diluida por el avance del conocimiento científico, cuya racionalidad hace que hoy sean superfluas las explicaciones religiosas. También se le echa en cara el peso, la carga excesiva, que supone el esfuerzo y la tensión permanente que requiere la lucha ascética que se deriva del anhelo por vivir, siempre y perfectamente, las exigencias de los mandamientos de la ley de Dios; de este modo las prescripciones del Decálogo serían vistas como una lesión a la libertad humana, ya que las prohibiciones morales la recortarían.

Por otra parte, también se tiene la idea de que creer en Dios no sirve de nada. O lo que es lo mismo: rezar carece de utilidad, por lo que no merece la pena dedicar tiempo a realizar esta tarea. Efectivamente: ¿para qué rezar pidiéndole a Dios algo si lo que tenga que suceder pasará igualmente tanto si rezamos como si no? Esto viene a significar que el hombre posmoderno ya no cree en la utilidad de la oración porque considera irracional creer en los milagros, al no darle crédito a la capacidad de Dios para alterar el curso de la realidad movido por las impetraciones humanas. Esto nos lleva de vuelta a lo que comentábamos en el parágrafo anterior: el reconocimiento posmoderno de que las explicaciones religiosas se han quedado obsoletas y han sido desfasadas por el descomunal desarrollo de la racionalidad científica. Esto tiene como consecuencia el hecho de que Dios haya dejado de ser un referente para el hombre de la posmodernidad. La carencia de su necesidad se manifiesta en la creciente laicización y se recoge, por ejemplo, en la famosa respuesta de Laplace a la pregunta de Napoleón cuando este le interroga por el papel que tenía Dios en su mecánica celeste: el científico francés le contesta que se trata de un supuesto innecesario en su sistema mecanicista del universo.

Otro prejuicio contra el cristianismo que está muy extendido actualmente es la opinión que sostiene que el cristianismo, y no solo él, es una ideología intolerante (algo que se expresa, por ejemplo: en la limitación de la libertad sexual, en el rechazo de las opciones personales de género, en la negación del derecho a decidir sobre el propio cuerpo o en la negación al derecho a morir dignamente) que no hace otra cosa que fomentar los conflictos (sociales: por colisionar con el derecho de las otras personas a no ver el mundo bajo ese prisma; y personales: por chocar frontalmente y de forma represora con las pulsiones humanas más naturales).

Todo esto nos lleva a la formulación de un nuevo prejuicio según el cual el cristianismo sería una ideología triste y pesimista, mientras que el ateísmo posmoderno sería, en realidad, una exaltación de la vida, una expresión de alegría vital, puesto que nuestra existencia terrenal es la única existente. Esta acusación no es novedosa; puesto que se haya en la raíz del ateísmo vitalista de Nietzsche.

Para este ateísmo posmoderno, la moral cristiana es tan antinatural que, de hecho, ni siquiera los propios cristianos son capaces de vivir lo que predican, incluidas algunas de las personas ordenadas. De ahí que, incluso dentro del propio catolicismo, haya algunos que propongan la aceptación del matrimonio para las personas que han recibido el orden sacerdotal o el uso del preservativo y otros métodos anticonceptivos que evitarían embarazos no deseados y, con ello, se reduciría el número de abortos, aplicando, así, aquel cálculo aritmético en la moral que consistía en la aceptación de males menores para obtener bienes mayores. Se le reprocha al cristianismo en general, y al catolicismo en particular, no estar a la altura de los tiempos, pues resultan incapaces de aceptar el progreso de la ciencia (un hecho que se plasmaría en el rechazo de la teoría de la evolución biológica o en la negación de la teoría de la autocreación del universo, así como en la recusación de la propuesta científica de la idea de que la vida espiritual sería el efecto de la actividad cerebral), única y simplemente por seguir manteniendo unos dogmas irracionales absolutamente inadmisibles para la mente científica del hombre posmoderno.

Finalmente, y por si todo esto fuera poco, ¿cómo puede alguien creer en Dios viendo tanto mal moral en el mundo? Entre los prisioneros que sobrevivieron a los campos de concentración y de exterminio nazis corría un chiste macabro relacionado con este tema y que dice algo así como:

«—¿Sabes por qué Dios no estaba en Auschwitz?

—No.

—Porque no pasó la selección.».

Todas estas acusaciones, muy duras en sí mismas, no son puramente negativas. Cada una de estas críticas encierra en su seno algo positivo que puede ayudar al cristianismo a mejorar; no a la doctrina, ciertamente, pero sí a saber presentarlo de un modo más actual, más empático. De esta forma se puede afirmar que tales críticas comprenden un valor positivo. Por ejemplo, detrás de la acusación de que el mensaje cristiano está enmohecido se halla una apelación a los creyentes para que se esfuercen en presentarlo de una manera innovadora y creativa, lo que sería un signo de progreso doctrinal frente al inmovilismo del dogma. Al reprocharles a las creencias cristianas que no son válidas actualmente por no tener ningún valor científico, lo que se está pidiendo es que la teología sea una forma de conocimiento estricta, rigurosa y objetiva que sea estudiada y expuesta con profesionalidad. El reproche de que los mandamientos recortan la libertad con sus prohibiciones reivindica el valor de la libertad y la autonomía personal. Pedir que rezar sirva de algo está en consonancia con los valores modernos y posmodernos de la utilidad y la eficacia. Denunciar la intolerancia de ciertas ideas religiosas se hace en aras de valores positivos como la tolerancia, el respeto a la pluralidad y la promoción de la convivencia pacífica.

El cristianismo no es una religión triste. Para el cristiano saber vivir la vida de una forma espiritualmente alegre es un valor tremendamente positivo. También hemos de tener presente que pedir coherencia y autenticidad, así como caridad y solidaridad, no son contravalores, sino exigencias de la posmodernidad que pueden ayudar al cristianismo a desprenderse de ropajes sobrevenidos a lo largo de sus dos milenios de existencia y que pueden haber dado lugar a equívocos; unas exigencias que podrían ser aprovechadas para posibilitar una recuperación del mensaje perenne con una exposición adaptada a los nuevos tiempos que permita conferir una frescura necesaria para el hombre de hoy.

Aunque solo sea de una forma muy breve y sintética, vale la pena recordar que el mensaje cristiano, pese a tener dos mil años, no revolucionó únicamente su tiempo, sino que tiene una vigencia actual total, por lo que puede decirse que es un mensaje verdaderamente moderno y que siempre estará presente. En efecto, no hay nada más moderno y progresista que un hombre o una mujer se hagan misioneros y entreguen su tiempo y toda su vida a los demás por amor a Cristo. Tampoco es cierto que la Iglesia se haya opuesto al progreso de la ciencia; al contrario, ella siempre fue, en líneas generales, fuente de promoción del conocimiento científico y filosófico. De hecho, ya en el siglo XI, San Anselmo de Canterbury sostenía que la fe no se conformaba con ser guía del entendimiento, sino que quería ser entendida.

El cristiano también es una persona que ama la libertad, entre otras razones porque es consciente de que solo quien es libre puede amar a Dios; de hecho, la persona más libre de toda la humanidad ha sido Jesucristo. Y, en cualquier caso, las normas morales son un espacio de libertad, pues han de ser queridas voluntariamente por el sujeto que anhela vivirlas.

Respecto a la utilidad del mensaje cristiano, es muy sencillo responder. El valor del contenido de su mensaje se puede medir perfectamente solo con ver cómo ha transformado al mundo y cómo sigue presente tras dos milenios de Historia logrando una influencia mundial que no ha conseguido alcanzar ninguna otra propuesta ideológica o religiosa, entre otras razones porque la doctrina cristiana promueve la tolerancia, el diálogo paciente y el respeto a la libertad personal (otra cosa, muy distinta, es que haya habido personas concretas que hayan hecho lo contrario pensando que estaban representando al verdadero cristianismo, y ya no digamos si era por debilidad personal). Una muestra de ello es el hecho de la pluralidad existente dentro del seno de la Iglesia.

Y de la alegría, la *letitia*, ¿qué decir? Es muy simple, el cristiano mínimamente formado tiene muy claro que la felicidad eterna a la que aspira tener en el Cielo ha de ser disfrutada ya en esta vida, por lo que el cristianismo es una doctrina que promueve el goce y la fruición de la existencia terrenal en su máxima expresión, algo que se manifiesta en una alegría sobrenatural sincera de modo que contribuye enormemente a presentar a los demás el cristianismo como algo atractivo.

Para la Iglesia lo más cómodo, lo que le reportaría actualmente una mayor aprobación social, sería claudicar y ceder ante la presión social. Sin embargo, opta por la autenticidad y la fidelidad al mensaje original, pues ha sabido comprender que adaptarse a los tiempos no significa cambiar la esencia del ideario para lograr la aceptación popular, sino cómo actualizar el discurso que lo expresa; aunque lo más importante es comprender el valor presente y universal del ideal, tal como ponen de relieve las injusticias que se viven en todos los tiempos y que solo pueden ser auténticamente superadas si se las vence con la caridad. En efecto, solo el amor caritativo, el amor sobrenatural, podrá transformar el mundo. Ya hemos comentado anteriormente el valor del ejemplo de los misioneros como muestra de máxima expresión de la caridad vivida como algo real y dinámico y no como una mera idea maravillosa, pero teórica. La caridad vivida a este nivel hace altamente creíble, y amable, el mensaje de Cristo. De hecho, una fe sin caridad sería más bien contraproducente, por lo que puede decirse que: en este mundo el gran argumento de los católicos es la caridad.

La nueva evangelización requiere explorar nuevos caminos que permitan entablar auténticos puentes que faciliten un sincero y edificante diálogo con las actuales formas de la increencia posmoderna. Para lograr este objetivo se requiere el ejercicio de la virtud de la paciencia y la humildad, de modo que al interlocutor le quede bien claro que lo que se procura es un sincero acercamiento que parta de la auténtica voluntad de querer comprender al otro sin prejuzgarlo. Desde luego, para establecer un diálogo de esta índole se requiere un conocimiento de los contenidos de la propia fe (y cuanto más profundos sean, mejor) y de los elementos claves que configuran las bases sobre las que se asientan los pilares de la cultura (pos) moderna (cosmología, biología evolutiva, paleogenética, neurociencia, paleoantropología, etc.). Evidentemente, la nueva evangelización requiere un gran esfuerzo apostólico por parte de los creyentes. Acabamos de aludir al estudio y a la formación, también a la fidelidad al credo. Pero no se puede olvidar algo más sobrenatural pero imprescindible: una intensa y sincera oración.

Entre las claves para llevar a cabo la comunicación de la fe en el contexto de la nueva evangelización se puede destacar la necesidad de un tono positivo y no beligerante. En efecto, comunicar la fe no es discutir para vencer, y menos para imponer, sino que es dialogar para proponer un mensaje que pretende convencer no por la habilidad del orador, sino por la comprensión de la bondad intrínseca del mensaje, de modo que al interlocutor se le hace patente que merece la pena esforzarse personalmente por realizar ese ideal. En líneas generales, lo importante es destacar lo esencial del mensaje de Cristo con la mayor claridad y el mejor conocimiento posible, son aspectos que contribuyen a que el contenido tenga credibilidad y resulte empático para el interlocutor, recordando que en la transmisión de la fe resultan esenciales la cortesía y las formas.

Es cierto que la nueva evangelización está orientada a la recristianización de la sociedad, pero resulta muy importante que también se tenga presente el gran esfuerzo que hay que hacer para superar el ateísmo práctico que hay dentro de su seno. Sin este esfuerzo, intentar revertir el ateísmo en la sociedad será extremadamente difícil, porque resultará complicado entusiasmar a alguien, ya que no resultará un mensaje sugestivo. A la pregunta de cómo hacer hoy más interesante la Iglesia y la transmisión del mensaje de Cristo, acabamos de explicar que resulta muy importante destacar que se trata de un mensaje que cobra vida y plenitud en la caridad. También hemos destacado en los párrafos anteriores algunas claves para que la transmisión de la fe pueda ser atrayente.

Un fenómeno recurrente en la Historia es la sustitución de creencias religiosas por unos sucedáneos. De esta suerte, el siglo XIX, caracterizado como el siglo que negó a Dios, fue también la centuria en la que surgieron numerosas idolatrías de gran calado social; primero entre la intelectualidad y luego entre las restantes capas sociales (una actitud que se fue generalizando a lo largo del siglo XX), de este modo se vivió religiosamente su fe laica (expresada en la ilustración, el racionalismo y el cientificismo, por ejemplo) y se hizo con gran intensidad. Parece, pues, que la increencia necesita absolutos sustitutivos de Dios. En el siglo XVIII Hume apostó por la religión natural, en el XIX Augusto Comte propuso su religión laica, la religión positiva. En los siglos XX y XXI tenemos, por ejemplo, un repunte del complejo movimiento de la *New Age*. Hoy los becerros de oro de la increencia posmoderna parecen ser el dinero, el poder político y económico, y, entre las clases más populares, el consumismo.

Frente al neopaganismo de la sociedad occidental, Juan Pablo II propuso la nueva evangelización como respuesta apropiada y que iría dirigida, pues, a la recristianización de los espacios sociales en los que la fe cristiana ya es conocida pero que ha remitido en adhesión y presencia, en donde grupos enteros de bautizados han perdido el sentido vivo de la fe o, incluso, ya no son capaces de reconocerla. De este modo la nueva evangelización está propuesta para aquellos países de tradición cristiana en los que la fe ya no es una realidad viva y operante. Algo que ha de ser compatible con el hecho de que, pese a la globalización, dos tercios de la población planetaria todavía no han oído hablar de Cristo.

No se trata de diluir la separación Iglesia Estado para devolverle a aquella un estatus de poder terrenal que no le corresponde, como si se quisiera buscar el futuro en el pasado; pero sí responder a un proceso de laicización social que pretende reducir a la religión a un sentimiento interno que ha de ser vivido de forma privada. Cabe tener presente que el ser humano actual, el incrédulo indiferentista posmoderno es persona y, como tal, tiene una apertura natural a la trascendencia, por lo que también tiene sed de Dios y lejos de sus fuentes no puede esperar otra cosa más que languidecer existencialmente y empobrecerse espiritualmente. Es por esto que siempre resultarán muy pertinentes aquellas palabras tan profundas que nos dejó Albert Camus cuando nos recordó que: «Nada puede desalentar el ansia de divinidad que hay en el corazón del hombre»[265].

---

265 Camus, A.: *El hombre rebelde*; Alianza Editorial, Madrid, 1986, p. 171.

Este libro se terminó de imprimir en su primera edición, por encargo de la editorial Sekotia, el 14 de enero del 2022. Tal día del año 1739, España e Inglaterra firman el Convenio de El Pardo, que establece las bases del comercio en las colonias estadounidenses.